PNL Per La Vendita

Introduzione

Quando si parla di PNL, vale a dire Programmazione Neuro-Linguistica, si fa riferimento ad un modello di comunicazione e al tempo stesso ad uno sviluppo personale, che prende il via negli Anni Settanta, dove ad essere coinvolti sono la psicoterapia, il life coaching ed il sef-help.

John Grinder e Richard Bandler, fondatori di questo metodo di comunicazione interpersonale, evidenziavano come alla base di tutto vi fosse l'identificazione di tutta una serie di modalità, volte ad aiutare tutti a vivere vite più ricche di emozioni e ancora più complete.

Perché quindi PNL o seguendo l'acronimo inglese NLP (Neuro-Linguistic Program)?
Per il più semplice dei motivi.
Il linguaggio e i processi neurologici sono strettamente connessi: gli schemi

comportamentali sono stati appresi per esperienza, quindi per programmazioni. Se si desidera ottenere determinati obiettivi nella vita, questi schemi possono essere anche riorganizzati.

La Programmazione Neuro-Linguistica è imperniata su molteplici sfaccettature, sia visibili nella vita di tutti i giorni che nel campo delle vendite. E in questo libro, ci soffermeremo proprio su quest'ultimo aspetto, non disdegnando comunque esempi della routine quotidiana.

Uno dei molteplici aspetti che contraddistingue la Programmazione Neuro-Linguistica è che fornisce ai venditori tutta una serie di potenti strumenti, perfettamente in grado di facilitare il rapporto con il cliente e, per logica conseguenza, di portare a termine la vendita con successo.

Se sei un venditore, puoi di fatto servirti di questi raffinati strumenti di PNL per aggiornare, per integrare e soprattutto per consolidare le tue skills in questo campo.

Se ben rifletti, la vendita face-to-face verte proprio su una miriade di elementi, fra cui la creazione di una relazione di fiducia con il cliente e su una comunicazione persuasiva. E la PNL è una materia che da una quarantina di anni a questa parte spiega proprio come comunicare nella maniera più efficiente possibile. Questo è il motivo per cui le applicazioni della PNL sono strettamente connesse al campo della vendita.

Tutto quello che dici, nei panni del professionista delle vendite, il come lo comunichi al cliente (il tono della voce, la postura del corpo, la mimica) hanno un notevole impatto sia sulla tua neurologia che su quella del tuo interlocutore. Questo è l'ABC della Programmazione Neuro-Linguistica.

Un esempio può aiutarti a capire meglio lo schema di come la modalità di comunicazione abbia un impatto notevole su chi ti ascolta: sei un capo-vendita e un tuo collaboratore, da poco assunto in azienda, ha appena commesso un errore che ha portato una mancata consegna.
Perdita 1.000 euro.
Lo guardi, gli dai una pacca sulle spalle e in maniera pacata gli spieghi l'errore, asserendo *NON SONO ARRABBIATO NEI TUOI CONFRONTI*.

In questo caso, il tuo collaboratore ti crederà, perché la tua intonazione della voce e la tua mimica gli indica che in quanto novizio l'errore ci può stare. Sbagliando si impara, d'altronde. Non è vero?

Stessa situazione. Sbatti i pugni sul tavolo dove sono messi i computer, tendi a gesticolare in maniera eccessiva e quasi gridi *NON SONO ARRABBIATO NEI TUOI CONFRONTI*.
Pensi di essere credibile in questo secondo caso? Anche se le tue parole comunicano ben altro, il tuo interlocutore tutto sarà fuorché convinto.
Non hai utilizzato un tono di voce tipico di una persona calma.

Il tuo verbale non coincide con la comunicazione para-verbale (come viene definita nella PNL) Ergo ... fatti due conti.

Con questo libro intendiamo rivolgerci a tutti i professionisti nella vendita e che operano nel mondo del business, dai venditori porta a porta ai responsabili commerciali, dagli imprenditori ai manager, ma anche a tutti quelli che lavorano da anni sulla propria persona per avere un'immagine migliore, specie sul posto di lavoro. Intento primario pertanto sarà quello di spiegare cos'è la Programmazione Neuro-Linguistica e come metterla in pratica per vendere meglio. Passo dopo passo ti renderai conto di quanto gli strumenti della PNL siano davvero efficienti e alla portata di tutti.

Indice

Introduzione 2

Gli errori dei venditori 10

Fiducia e PNL 22

Tecniche di suggestione conversazionale 39

   Suggestioni verbali 40

   Suggestioni non verbali 42

   Suggestioni intraverbali 43

   Suggestioni extra-verbali 44

Il Modello VAK 46

Affascinare il cliente 65

Gli ancoraggi nella PNL 74

Domande ipnotiche e vendita persuasiva 84

Lo Switch Mode 96

Stato potenziante o depotenziante? 99

La Regola del Contrasto 109

Chiudere la vendita 112

Conclusioni *124*
Disclaimer *126*

Gli errori dei venditori

Cosa significa vendere un prodotto, in sostanza?
· Chiudere una trattativa commerciale che è appunto l'essenza della vendita
· Piacere ed affascinare il cliente che è come dire vendersi, far sì che l'interlocutore apprezzi la tua immagine (a prescindere dal fatto che acquisti o meno da te)
· Avere l'abilità di far passare la tua idea che significa che nel momento in cui conduci una negoziazione di vendita, uno dei numerosi intenti da preporti è dimostrare l'effettiva bontà della tua proposta di business

Non sempre, tanto per usare un eufemismo, le trattative di vendita si concludono con esito positivo. Ciò che le condiziona talvolta sono fattori esterni che nulla hanno a che fare con l'abilità del venditore. Il prezzo esagerato di un

prodotto, per quanto il venditore sia bravo, quasi mai porterà il cliente all'acquisto. Se quella splendida lavatrice appena messa sul mercato dal produttore giapponese di turno presenta le caratteristiche più sofisticate ma costa magari 5.000 euro, per quanto possa piacere, chi ha un reddito di 1.500 euro al mese difficilmente la comprerà. Lo stesso dicasi per un bene non necessario. Se al cliente di turno non serve quella determinata polizza assicurativa, nemmeno si fermerà ad ascoltare la tua proposta. Altre volte poi i clienti (potenziali) vanno davvero di fretta e di tempo da dedicarti ne hanno davvero zero. Perciò, se anche stessi proponendo un piano internet-telefono più conveniente di quello che hanno al momento, la risposta sarà negativa.
Questo quasi sempre.

Tuttavia, a volte, il venditore sbaglia (anche clamorosamente) nel modo di porsi e potrebbe non piacere al cliente potenziale.

Qualche anno fa la prestigiosa Università Di Harward effettuò uno studio, coinvolgendo come campione 230 acquirenti. Qual fu il risultato?

Il 12% dei venditori venne giudicato eccellente, al 23% fu assegnata una valutazione complessivamente positiva, il 38% rientrò nella media e la bellezza del 27% fu reputata non idonea alla vendita. Insomma, oltre ¼ dei venditori (mica pochi) fu giudicato come scarso.
Questa ricerca intende spiegarti che la concorrenza nel settore delle vendite è altissima. Solo se sei considerato eccellente o se ti viene dato un feedback positivo, rientri tra i venditori che ha possibilità, più o meno concrete, di vendere. Se rientri invece in quella fetta del 38%, giudicata come media, non sei uno di quelli che fa fare il salto di qualità all'impresa per cui vendi. Ergo, non ti aspettare in termini di stipendio mare e monti. Il motivo è che non riesci a

differenziarti dai clienti. Per il restante 27% chiaramente vale la pena studiare, imparare nuovi approcci, rimettere in discussione il modus operandi e, se necessario, cambiare lavoro. Se il cliente è deluso, infastidito o scocciato, se non riesci a far breccia nella sua sfera emotiva, cerca di capire sempre la ragione. Non sempre è colpa del prezzo alto o della crisi economica.

Eccoti pertanto alcuni motivi che possono portarti ad un clamoroso flop nella vendita.

2. NON RISULTI CREDIBILE

Puoi essere giudicato in modo differente, ma negativamente.

Puoi apparire come il venditore che mira a vendere l'articolo a tutti i costi. Risulta troppo assillante e i clienti preferiscono evitarlo, rivolgendosi ad un altro venditore. Quante volte lo stesso prodotto, un venditore magari lo vende e un altro no?

Se vuoi essere un abile venditore, secondo uno dei principi fondamentali della

Programmazione Neuro-Linguistica, devi avere l'abilità di indirizzare il cliente verso la scelta migliore, secondo le sue esigenze, dandogli tutti i consigli opportuni. Limitarti a pensare che vendere a tutti i costi sia l'unico reale e concreto obiettivo è un errore imperdonabile. Un cliente soddisfatto si fiderà maggiormente di te e tornerà con ogni probabilità a bussare nuovamente alla tua porta. Un venditore si conferma venditore con la V maiuscola nel momento in cui ha sì clienti che comprano da lui, ma anche quando il cliente viene spinto con la massima naturalezza a parlare positivamente di quel determinato brand, di quello specifico prodotto o di quell'apposito servizio. Questo fa sì che si scateni la più potente forma di pubblicità possibile: il passaparola.

Facendo riferimento a quella ricerca condotta dall'Università di Harward, solo il 18% dei venditori rientra in questa cerchia.

La fiducia, come puoi facilmente intuire, non viene riservata a tutti.

2. NON SEI IN GRADO DI RELAZIONARTI CON I CLIENTI D'ÉLITE DELLA TUA AZIENDA

L'approccio per ogni cliente è sempre diverso. Se sei abituato ad interfacciarti con clienti che acquistano il prodotto in maniera abitudinaria, e catalogati nella categoria di acquirenti poco esperti, le probabilità di successo possono rivelarsi superiori a quelle inerenti alle negoziazioni con livelli più elevati nell'azienda. Il motivo? Non è detto che tu abbia le skills giuste per dialogare con loro. Sono numerosi i clienti esperti che quando vengono intervistati dichiarano che solo 1/3 dei venditori ha le skills giuste per negoziazioni condotte a regola d'arte. Urge infatti applicare tecniche di vendita più idonee.

3. NON RIESCI A COMUNICARE IN MANIERA EFFICIENTE PER QUALO MOTIVO

I CLIENTI TRARREBBERO VANTAGGI DALLA TUA PROPOSTA COMMERCIALE

Sostanzialmente, in qualità di venditore sei chiamato quotidianamente a spiegare quali sono i reali vantaggi che il prodotto presenta. Come può migliorare la vita del cliente? Perché vale la pena acquistarlo? In cosa è meglio rispetto agli articoli concorrenti? Questo è l'ABC della vendita, tanto è vero che oltre la metà dei venditori (credimi, non è una grossa percentuale) riesce a passare questo step. Alla base di tutto ci deve essere uno studio del prodotto che spieghi in maniera semplice se migliora i rendimenti, se diminuisce i tempi, se abbassa i costi e se snellisce le procedure. Insomma, descrivere al meglio benefici e vantaggi ti dà quel quid in più necessario per convincere il cliente all'acquisto.

4. RISULTI TROPPO INDIVIDUALISTA

Coloro che rientrano nella fascia degli acquirenti esperti giudicano spesso i venditori troppo concentrati su se stessi, vale a dire sul vendere a tutti i costi. Spesso conducono erroneamente la trattativa pensando a come vendere il prodotto come se si rivolgessero a se stessi e non al cliente che hanno di fronte. Un'eccessiva focalizzazione sulle proprie esigenze è un errore madornale, perché il cliente intuisce subito che chi vende non si sta prendendo cura dei suoi interessi, ma al contrario pensa solo alla sua agenda e ai suoi fini: vendere. Se poi il venditore risulta poco interessante in termini comunicativi, il cliente farà spallucce e si rivolgerà altrove. Quando vendi ricorda sempre di identificare prima di tutto le necessità del cliente e poi concentrati sulle sue esigenze.

5. NON SAI CHIUDERE LA TRATTATIVA: NON CONOSCI LE TECNICHE DI CHIUSURA ADEGUATE
La frase, l'offerta scade oggi è uno dei metodi di chiusura con cui tutto puoi fare

tranne che concludere la trattativa di vendita. Il motivo? Il cliente risulta troppo infastidito, in quanto si trova quasi spalle al muro. L'àut àut è un boomerang. E nella vita e nella vendita. Perciò, non porre mai il cliente nelle condizioni di dover decidere di prendere subito tutto o di mollare. Ciò che ti ci vuole è una tecnica di chiusura più morbida per concludere la trattativa. Una frase del tipo: Con un ulteriore investimento di appena 5.000 euro, può usufruire di un vantaggio fiscale pari al 4%, le possibilità di chiudere con esito positivo la transazione. Il motivo? Il vantaggio è subito spiegato. Il cliente si fa due conti e se conviene accetta.

Dedicheremo a tal proposito un capitolo a pare su come chiudere in maniera efficace la trattativa di vendita servendoti dei potenti strumenti della Programmazione Neuro-Linguistica.

6. DI GARANZIE E RISCHI MANCO NE PARLI

Con il cliente bisogna essere sempre trasparenti e presentare garanzie e rischi nella modalità più semplice possibile. Quando conduci una trattativa di vendita, devi presentare ciò che potrebbe non andare per il verso giusto. Se operi nel campo delle assicurazioni, tanto per dirne una, questa cosa è ancora più palese. Se l'affare viene descritto con le parole più belle del mondo, ma non accenni a garanzie e a rischi, il cliente, specie se è rimasto scottato da precedenti acquisti, potrebbe insospettirsi e credere che c'è del marcio in Danimarca. Ergo, lascerà perdere.

7. TI MANCA L'ABILITA' DI COSTRUIRE UNA BUONA COMUNICAZIONE INTERPERSONALE. QUESTO PERCHE' NON HAI UN METODO

E' scontato dire che i clienti avvertono maggiore fiducia nei confronti dei venditori con cui c'è chimica umana. La comunicazione interpersonale alla base deve essere buona. Se perciò, in qualità di venditore, hai differenze evidenti nello stile comunicativo rispetto a quello della clientela, ti comporti in maniera eccessivamente pressante, ti dimostri troppo impaziente e non aspetti altro che il cliente metta la sua firma sul contratto, cerchi a tutti i costi di farti amico il cliente ... beh finirai per fallire, perché non sei stato in grado di intessere una buona comunicazione interpersonale con chi è dall'altra parte. Fare una buona impressione è essenziale se desideri avere successo in questo settore.

Il feedback, vale a dire il risultato finale, è dato sempre da quanto efficace è stata la tua comunicazione. Se in qualità di venditore, stai vendendo una lavastoviglie, e spieghi al cliente che pur costando come quella di un brand concorrente, è più potente e ha una migliore resa in termini energetici e dei consumi, se non riesci a venderla, forse è perché non sei stato in

grado di spiegarti bene e, di fatto, l'interlocutore non ti ha capito. I vantaggi della tua proposta in termini commerciali non sono venuti fuori. Non hai comunicato nel modo giusto per far sì che il cliente acquistasse la tua lavastoviglie. Il feedback che in definitiva ottieni è che il tuo metodo non era perfetto per gli schemi mentali del potenziale acquirente. E se la cosa si verifica già da un certo arco di tempo con molti dei tuoi clienti, vuol dire che il tuo metodo è sbagliato e che c'è qualcosa che non va. Non sono i clienti incompetenti. Non è che in giro non ci sono soldi e che c'è la crisi. Tutti pretesti. E' il tuo metodo inefficace. Devi cambiare, se necessario anche radicalmente, il tuo modus operandi nella conduzione di una trattativa di vendita. Sotto questo aspetto, hai ancora molto da lavorare sul tuo profilo personale. C'è sempre speranza. Non demordere!
Tirando le somme, per ognuno di questi errori, gli strumenti della PNL possono

rivelarsi utili. E tu, tra gli errori appena indicati ne riconosci qualcuno che di frequente commetti?

Fiducia e PNL

Per ciò che concerne le origini della PNL, come anticipato, queste risalgono agli Anni Settanta. Tutto ruota attorno al modellamento delle eccellenze.

Cosa significa? In sintesi, si studiano tutta una serie di soggetti, che rappresentano l'eccellenza nel loro campo, e si cerca in tutti i modi di capire come fanno ad ottenere risultati così straordinari e performance fuori dalla portata dei comuni mortali. La Programmazione Neuro-Linguistica, pertanto, nasce con il lavoro certosino di medici e di ipnoterapeuti. Pertanto, ne consegue che non ha alcunché di scientificamente dimostrato.
Alla base della PNL, pertanto, vi sono dei postulati. Assunzioni che non si rivelano vere in assoluto, ma che hanno una certa utilità sia nella routine di tutti i giorni che quando si vende qualcosa.

· Si registra sempre e comunque un'intenzione positiva dietro la maggior parte dei comportamenti: nello specifico, vi è un contesto all'interno del quale quel determinato comportamento risulta avere uno specifico valore
· Quando si tratta di scegliere, l'interlocutore lo fa sempre per quelli che sono i suoi interessi. O meglio, ad essere effettuata è sempre la scelta migliore tra le alternative a disposizione. Questo, naturalmente, in base alla situazione in cui si trovava, in rapporto alle risorse possedute. A chi guarda la cosa da un punto di vista esterno, più volte capita di credere che quella decisione presa appariva tutto sommato assurdo, fuori da ogni schema o peggio ancora totalmente priva di ogni logica. Quello però non è il punto di vista del diretto interessato che magari avrà valori e credenze agli antipodi.
· I più abili comunicatori, quelli che sanno come affascinare ed intrattenere chi li

ascolta, mettono in pratica qualsiasi atto di comunicazione, sia esso verbale, paraverbale o non verbale, e di comportamento. Se sei un professionista nel ramo delle vendite, ti è già capitato di condurre una trattativa ostica che alla fine non è andata a buon fine? Una volta concluso il negoziato, magari ti sarà capitato di dire *VA BENE, DAI. IN FONDO, QUESTO CLIENTE ERA DAVVERO IMPOSSIBILE.*

In realtà, sulla base di questo postulato della PNL, non è il cliente a risultare impossibile, ma, al contrario, sei tu, venditore, a non aver capito quali intenzioni positive albergavano nella sua personalità in quel determinato momento. Quindi, dandoti un secco rifiuto, ritornando al postulato precedente, non ha fatto altro che prendere quella che per lui, in quello specifico lasso temporale, era la miglior decisione possibile tra le due opzioni disponibili, SI'/NO.

· Vivere senza comunicare non è possibile. Anche se taci, comunichi sempre qualcosa. È il tuo corpo, tramite la postura, a trasmettere sempre qualcosa. L'interlocutore interpreta sempre in un preciso modo ogni singolo gesto che fai. Anche le parole che dici, se vengono mal interpretate, hanno una rilevanza notevole sull'andamento di un discorso o sull'esito definitivo di una trattativa di vendita. Perciò, ricorda: anche quando sei immobile e stai zitto, comunichi qualcosa.
· La mappa non è il territorio. Cosa significa? Sinteticamente, quella che noi vediamo come realtà, non è la realtà in assoluto. Ognuno di noi ha dei filtri con cui percepisce la modalità in modo differente. Approfondiremo meglio il suddetto argomento nei prossimi capitoli, facendo un esempio concreto di te e due amici che vanno al cinema per vedere un film e, pur avendo visto lo stesso spettacolo, vi siete focalizzati in realtà su aspetti differenti.

Distorsioni, generalizzazioni e rimozioni sono aspetti evidenti nel processo di acquisizione delle informazioni. La realtà oggettiva è una rara eccezione. Anche se due o più persone vivono la stessa esperienza, anche nello stesso momento, a distanza di tempo, se la ricorderanno in maniera assai diversa, perché hanno filtrato i tratti distintivi in modo differente. Altro esempio: prova a chiedere ad una coppia di fidanzati di descrivere il giorno del loro primo appuntamento. Beh, è indubbio che la situazione è la stessa. Ciò nonostante, non la descriveranno alla stessa maniera, visto che le sensazioni sono sempre differenti, perché i loro filtri sulla realtà non coincidono. Ciò che è sfuggito a lui, è ben stabile nella mente di lei. Ciò che rimane impresso nella mappa dei due non sono gli stessi ricordi. Ognuno di noi è unico e distante dagli altri per identità, valori e credenze.

La Programmazione Neuro-Linguistica nel campo della vendita si rivela utile per tutta una serie di motivi eterogenei. Passiamoli rapidamente in rassegna:
· creare relazioni di lungo periodo e di successo con i vari clienti
· evitare che il cliente ponga obiezioni nel corso della trattativa
· evitare che il cliente si dimostri scettico o reticente nel corso della trattativa
· identificare in maniera immediata quali sono le strategie decisionali che fanno sì che il cliente sia positivamente indirizzato all'acquisto o che il contratto venga chiuso con la sua firma
· comunicare nella migliore possibile, prestando massima attenzione alle parole adottate, al tono della voce con cui ti rivolgi al cliente e prima ancora al tuo linguaggio del corpo (che comunica sempre qualcosa)
· fare del tuo stato emotivo il miglior alleato possibile

Sei un capo del personale e devi valutare due venditori: il primo vende 45 prodotti a 50 clienti, mentre il secondo soltanto 7. Quale sceglierai? Quasi sicuramente il primo, visto che si è dimostrato più abile. Più persuasivo. Insomma, un'eccellenza nel campo delle vendite.

Se desideri vendere di più o meglio, la regola numero uno che c'è alla base della Programmazione Neuro-Linguistica è che devi fare in modo che i clienti stiano bene in tua compagnia. Ciò vuol dire che i clienti tendono nella maggior parte dei casi ad esprimere feedback positivi nei tuoi confronti, nel momento in cui sarai in grado di donar loro la tua piacevole compagnia. Se i clienti staranno bene in tua compagnia, ritorneranno da te. Ti cercheranno, perché sarai considerato un venditore speciale, in grado non solo di vendere prodotti e servizi, ma anche di regalare momenti di spensieratezza, situazioni distensive e di energia positiva.

Il carisma con i clienti è fondamentale per concludere una trattativa di vendita. Nel ruolo di venditore, puoi incrementare questa dote? La fiducia è l'elemento base. Un'eccellente relazione interpersonale tra chi vende e chi acquista verte proprio sulla fiducia. Essere cordiali, allegri, affidabili serve d'altronde a trasmette fiducia. Se un cliente parlerà bene di te ad altri clienti potenziali, questi si rivolgeranno a te per la logica del passaparola. Se il cliente è sospettoso o diffidente nei tuoi confronti, difficilmente riuscirai a concludere un contratto. Non è forse così?

Il processo di fiducia si conferma di fatto come la tappa essenziale dell'intero processo persuasivo, determinante affinché il cliente sia invogliato ad acquistare. Nonostante la fiducia vada costruita in maniera graduale quando si vende, sono molti i professionisti nel campo commerciale che ignorano questa regola aurea e tendono a sottovalutarla,

presentando subito il prodotto/servizio. Agire in questo modo è un azzardo, visto che l'esito positivo della negoziazione tra le parti è già a repentaglio. E questo ancora prima che la trattativa di vendita sia iniziata. Prima che inizino le operazioni, devi avere il talento di trasmettere ai clienti con cui ti interfacci la suddetta sensazione: *TROVO QUESTO VENDITORE PIACEVOLE. È COME SE LO CONOSCESSI DA UNA VITA.*
Semplice a dirsi, ma come si fa a creare fiducia?
Il processo di ricalco, noto anche come rispecchiamento o mirroring, si rivela determinante in quest'ottica, oltre ad essere uno degli strumenti di PNL più utili. Trattasi dell'assunzione della postura del tuo interlocutore. In un rapporto empatico e di fiducia, gli interlocutori, anche venditore ed acquirente, tendono ad avere la stessa postura. Come si crea il mirroring? Quando si parla di ricalco, il riferimento più esplicito ha direttamente a che fare con il

rispecchiamento del cliente. L'attuazione di questo rispecchiamento può essere verbale, para-verbale, non verbale ed extra-verbale, nota anche come emozionale.

Occhio, sempre al NON DETTO, perché comunica oltre il 70% di quelle che sono le reali intenzioni dei clienti con cui interagisci nella quotidianità, indipendentemente da quello che ti stanno poi dicendo in quel preciso momento.

LEI E' INTENZIONATO AD ACQUISTARE IL MIO PRODOTTO? Un sì, poco convinto nella postura del corpo e tutt'altro che energico, è un sì solo nella comunicazione verbale, ma non in quella para-verbale. Tradotto in parole povere, al momento di siglare in contratto o di acquistare, con ogni probabilmente sfocerà in un rifiuto. *NON LO SO. CI DEVO PENSARE. VALUTO E VEDO. LE FARO' SAPERE.* Queste le massime più ricorrenti tra i clienti scettici.

Insomma, un SI', tirato con le unghie e coi denti, e un SI' convinto, tutto sono fuorché la stessa cosa. Hanno due pesi totalmente differente.
Ad esempio, un venditore di vino intesse una negoziazione con un cliente.

Dopo 5 minuti trovano un ancoraggio in comune e iniziano a parlare di quanto sia piacevole il sorseggiare un buon bicchiere di Hausmannof Pinot nero Haderburg. I due lo bevono insieme, iniziano a parlare e nel momento in cui hanno da parlare di un argomento che sta a cuore ad entrambi, il cliente imiterà la postura del venditore. L'inconscio del venditore andrà d'accordo con quello dell'acquirente, perché sarà fortemente intenzionato a saperne di più su quel determinato argomento. Ragione per cui, quando il venditore avrà una postura con il mento appoggiato al pugno, intento ad ascoltare cosa ha da dire l'acquirente, anche l'acquirente tenderà a portare il mento al pugno. Se dopo un po' di tempo il cliente parlerà tenendo le braccia conserte, quando toccherà al venditore farlo, è molto probabile che, viaggiando sulla stessa lunghezza d'onda dell'interlocutore, anche costui dopo un po' di tempo tenderà a parlare, avendo le braccia conserte. Mai farlo però immediatamente, altrimenti il cliente inizierà a sospettare che stai imitando la sua posizione di proposito.

Occorre saperlo fare con una certa nonchalance.
Rispecchiare la postura del tuo cliente è una sorta di balletto non verbale che ti spinge ad avere maggiori probabilità di piacergli. L'inconscio del cliente riceverà come informazione principale il messaggio che sei simile a lui. Se il cliente si apre via via sempre di più nei tuoi confronti, significa che è entrato in empatia con te. Tu hai agganciato lui, ma al tempo stesso lui ha agganciato te.

Non solo tu ricalchi il cliente, ma è il cliente che ricalca te.
Questo rispecchiamento deve essere naturale, altrimenti è una manipolazione. E se il cliente intuisce che lo stai imitando solo per piacergli, beh ... non restarci male se la trattativa di vendita si arenerà. Rompendo il ghiaccio, finisci per ammorbidire l'impatto iniziale e ti ritroverai nella condizione di dover fare un gol a porta vuota. Vendere il prodotto o firmare il contratto sarà di sicuro più facile.
Non c'è metodo più efficiente per essere sintonizzati sulla stessa lunghezza d'onda dei tuoi clienti. Il dimostrare di essere come il tuo cliente, significherà per forza di cose l'essere come lui e quindi quest'ultimo si fiderà di te maggiormente. Risultato? Il cliente vorrà acquistare da te! Ricalcare le sfumature comportamentali non è facile. Tuttavia, porre le giuste domande al cliente di turno, ti consentirà di guadagnare la sua

fiducia. Anche trovare dei punti in comune è il primo passo per intraprendere qualsiasi tipo di relazione commerciale. A monte ci deve essere un attento lavoro da parte del venditore che porti il cliente a concludere *TRA ME E TE C'E' DAVVERO MOLTO IN COMUNE*. Per sincronizzare venditore ed acquirente il ricalco è il metodo di maggiore successo. Il motivo? Sincronia è sinonimo di unione degli intenti. E nella vendita o sei in sintonia con il tuo cliente oppure no. E ad una maggiore sintonia, corrisponderanno inevitabilmente percentuali più elevate di concludere la trattativa di vendita in maniera positiva con la massima soddisfazione di entrambe le parti.

Essere sereni e sorridenti sin dal primo contatto con il cliente, dimostrarsi calmi, avviare la comunicazione con temi condivisibili sia da te che da lui ti consentirà di partire con il piede giusto.

Un cliente entra in un negozio di abbigliamento, dopo aver guardato la vetrina. Se il venditore utilizzerà la frase: *HO NOTATO CHE STAVA GUARDANDO ATTENTAMENTE QUELLA CAMICIA BIANCA!* aumenterà di fatto le probabilità di acquisto da parte del cliente. Tutto questo perché con una frase d'esordio semplice e concisa che arriva direttamente al nocciolo della questione, il venditore si è rivelato abile nell'aver creato sintonia con la controparte, avendo compreso sin da subito le sue emozioni e le sue esigenze. Saper allenare questo talento innato è utilissimo per avere successo nel mondo delle trattative a fini commerciali. E la PNL con i suoi molteplici strumenti gioca n ruolo cruciale in questo senso. Allenati con i tuoi amici, con i tuoi familiari, con il tuo partner o con i tuoi collaboratori.

A lungo andare, avvertirai maggiore fiducia attorno alla tua personalità, sarai più propenso al dialogo e ti dimostrerai maggiormente incline all'ascolto.

Provare per credere!

Tirando le somme, la fiducia, la sintonia e l'empatia sono valori che vanno creati sin da subito in ogni tipo di dialogo. Piaccio o no, le prime impressioni contano!
Poi chiaramente in quanto abile venditore, dovrai essere in grado di far durare il più a lungo possibile questi valori. E nell'intera trattativa di vendita e nella sua conclusione.
Se ti accorgerai strada facendo che il rapporto con il tuo cliente di turno inizia a venire meno, perché a venire meno sono fiducia, sintonia ed empatia, beh … devi avere il talento di ritrovare queste qualità, altrimenti corri il serio rischio di creare distanza con la controparte.
Come potrai facilmente intuire, le percentuali di ultimare la vendita tenderanno a calare drasticamente. E ciò, non deve avvenire per nulla al mondo. Devi essere in grado sempre di sentirti vicino al tuo interlocutore, devi cercare di essere il più uguale possibile al suo profilo, devi

intercettare le sue esigenze, devi anche assecondarlo e solo dopo tutto questo potrai proporre le tue idee per risolvere eventuali problemi.

Questa è l'idea di fondo della Programmazione Neuro-Linguistica applicata alle vendite. La tua proposta è volta a migliorare lo stile di vita del cliente. Offrendo emozioni positive agli acquirenti, costoro avranno il piacere di acquistare da te. E torneranno nuovamente a farti visita. Potenzia la tua comunicazione, adatta il tuo atteggiamento a quello del cliente e non fissarti solo sul tuo prodotto.

Tecniche di suggestione conversazionale

Se il tuo obiettivo dichiarato è quello di diventare il numero uno nel campo delle vendite, uno dei valori base del tuo credo professionale deve essere quello di essere di amare le relazioni interpersonali che sei in grado di intessere con i tuoi clienti. Come abbiamo già detto nel precedente capitolo, il rapporto di fiducia lo devi costruire immediatamente, in modo da suscitare interesse e ottenere massima stima dal cliente.
Sulla base di quanto indicano i principi della PNL, il venditore che impara a fare ricorso su forme e tecniche di suggestione conversazionale riesce a creare emozioni indelebili nella mente dell'interlocutore e ad avere la strada spianata verso la chiusura della vendita. Il tutto in modo etico ed efficiente.

Sulla stessa falsariga degli atleti e dei campioni nel mondo dello sport, i quali ricorrono all'autosuggestione per migliorare le proprie prestazioni, in quanto abile venditore ti è possibile puntare tutto su queste tecniche. A lungo andare, constaterai come i clienti si dimostreranno più ricettivi nei confronti di ciò che comunichi nelle trattative di vendita, perché avrai avuto l'abilità di aumentare il loro stato di sensibilità in rapporto a ciò che dici.

Come comunicare in maniera attrattiva al cliente?

Premettendo che di approcci ce ne sono a iosa, la Programmazione Neuro-Linguistica indica quattro tecniche di suggestione conversazionale davvero meritevoli di attenzione. Eccole una ad una nei particolari.

Suggestioni verbali: nel ruolo del venditore, le suggestioni verbali ti consentono di creare delle aspettative. Le parole si dimostrano strumenti di estrema praticità per inviare al cliente dei suggerimenti. Quante volte ti è capitato di leggere nella descrizione della fotocamera dello smartphone di ultima generazione la frase: RESTERAI ESTERREFATTO DALLE PRESTAZIONI DELLA FOTOCAMERA DEL NUOVO IPHONE? Il venditore presume che il cliente sia interessato al fatto che il cliente sia interessato a quello che la fotocamera del nuovo iPhone gli consente di fare e che il suo messaggio risulti a tutti gli effetti una profezia che si realizza. Capire la psicologia della suggestione verbale è di cruciale importanza per ottenere eccellenti risultati nel momento in cui vendi. La principale motivazione sta tutta nel fatto che quest'ultima si caratterizza per la capacità di influenzare, in maniera più o meno decisiva, lo schema di pensare dei clienti. Siano questi ultimi effettivi o potenziali.

Suggestioni non verbali: la gestualità e la mimica facciale comunicano sempre contenuti. Il venditore abile ed esperto è in grado di interpretare alla perfezione anche quello che non viene detto con la comunicazione tradizionale. Partiamo dall'assunto che i gesti, anche quelli apparentemente più insignificanti, aggiungono enfasi alla comunicazione, oltre che un impatto persuasivo più o meno evidente. Se quando vendi, il tuo linguaggio del corpo ricalca quello dell'interlocutore, avrai più possibilità di avere successo, perché seppur in maniera inconscia gli stai dicendo GUARDA (o meglio ASCOLTA), IO SONO PROPRIO COME TE! Il sorriso, tanto per fare un esempio, aiuta (e molto) a far sì che il cliente abbassi le barriere del suo subconscio e che si apra un'autostrada verso la conclusione della negoziazione. Non c'è modalità migliore che creare un ambiente distensivo con un bel sorriso.

Suggestioni intraverbali: fondamentali nell'ottica di una comunicazione altamente persuasiva. Come ottenerle? Mediante l'intonazione. Il saper conferire alle parole la maggiore efficacia possibile e l'avere l'abilità di trasformarle in comandi di azione sono qualità su cui solo pochissimi venditori riescono a far leva. Una frase del tipo IMMAGINI QUANTO SARA' FELICE SUA MOGLIE NEL MOMENTO IN CUI LEI LE METTERA' AL COLLO QUESTO SPLENDIDO COLLIER conferirà sin da subito al cliente uno stato di benessere, proprio perché l'aggettivo FELICE contribuirà a creare questa piacevole sensazione di felicità, per l'appunto. E tu, sai come produrre messaggi persuasivi? Sai pronunciarli con a giusta intonazione della voce? In caso di risposta affermativa, sei di certo sulla buona strada per diventare un asso nel mondo delle vendite.

Suggestioni extra-verbali: quando le parole, la mimica facciale, i gesti e l'intonazione della voce sono in un perfetto e assoluto stato di sinergia, si innesca un processo emozionale che si rivela altamente persuasivo. L'abile venditore, non a caso, è colui che ha il talento di parlare fra le righe. Chi ascolta pensa a tutti gli effetti di essere fonte di quella determinata idea. Un esempio semplice di suggestione extra-verbale è la seguente. Se si dice ad un amico, ANDIAMO AL BAR A FARCI UNA BIRRA, gli si sta dando un comando. Dire invece la frase FA UN PO' CALDO STASERA. NON TI ANNOI A STARE SOLO CHIUSO IN CASA? BIRRETTA? è tutta un'altra storia. Il motivo? Si persuade l'amico a scendere con noi in città, perché gli si trasmette il messaggio che la solitudine in una serata di caldo torrido è da sfigati e che il caldo lo si combatte con una bella birra fresca, in amicizia. Il bello? Il tuo amico molto probabilmente era già conscio del fatto che l'essere soli in casa in estate era di per sé triste, ma tu con il tuo messaggio hai comunicato al suo sub-conscio. Immaginati quanto possa essere potente una suggestione extra verbale nel campo delle vendite. NON TI SEI ANNOIATO DI FARTI PRESTARE LO SMARTPHONE PER FARE FOTO? è ad esempio un modo con cui chi vende può convincere chi proprio non vuole sentire ragione di passare ad un nuovo dispositivo. Gli effetti di questa comunicazione sono invisibili ma solo in modo apparente. Perché con un tono conversazionale si mette il diretto interessato di fronte ad un problema su cui forse è il caso di prendere le dovute contromisure.

In linea di massima, se vuoi diventare protagonista nel mondo delle vendite, allenati seguendo queste quattro tecniche di suggestione conversazionale anche nella vita di tutti i giorni. Dopo un po' di tempo, riscontrerai come sarai diventato persuasivo!

Il Modello VAK

Gli esseri umani percepiscono la realtà mediante i cinque sensi: vista, udito, olfatto, gusto e tatto. Questi non sono altro dei filtri tramite i quali la realtà viene setacciata e sulla base di quelle risultano le tue preferenze, tendi a focalizzarti su un senso piuttosto che su un altro. Ecco un esempio che può rivelarsi davvero utile al già citato postulato della PNL, secondo cui la mappa non è il territorio.
Ti rechi insieme a due amici al cinema per vedere un film di cui tanto si parla. Durante la visione, tu potrai essere magari più attirato dagli effetti speciali, perché sei un tipo visivo, il tuo amico magari più dalle musiche e dalle colonne sonore, perché è un tipo più auditivo, mentre l'altro tuo amico, magari più dalle emozioni che lo

spettacolo cinematografico gli ha regalato, perché è un tipo più cenestesico.
Una volta usciti dalla sala cinematografica, tu e i tuoi due amici avrete di sicuro guardato lo stesso film. Ciò nonostante, lo racconterete in maniera differente. Il motivo? Alla base, vi siete soffermati su aspetti diversi che magari tu e gli altri non avrete notato. Se ad esempio, da tipo visivo, ti sei concentrato sugli effetti speciali, non è detto che avrai preso in considerazione il fatto che quella data colonna sonora era già stata utilizzata in n film di successo del 1988. Tendiamo ad avere una preferenza verso un senso piuttosto che verso un altro. La Programmazione Neuro-Linguistica non ha di certo inventato i cinque sensi, ma li ha integrati all'interno di un nuovo modello. Tuttavia, questa disciplina evidenzia come ci sono persone maggiormente stimolare dal sistema visivo, altre più da quello auditivo, altre ancora più da quello cenestesico. Si

parla di modello VAK, dove la V indica visivo, la A auditivo, la K sta per cenestesico. Tra parentesi O.G., dove la O sta per olfattivo e la G per gustativo.
Il canale visivo è quello sensorialmente preferenziale per la maggior parte degli interlocutori, quando si tratta di ricevere le informazioni. I tipi visivi vedono le cose. Devono perciò vedere gli oggetti che vendi. I tipi auditivi, invece, le cose le devono sentire. Le cose gliele devi raccontare. I classici consumatori che si fidano ciecamente del passaparola, che magari acquistano su consigli degli amici o perché glielo ha detto la vicina di casa. I tipi cinestesici, infine, hanno la necessità di provare i prodotti su se stessi, L'articolo di riferimento deve sempre e comunque conferire una situazione di piacevolezza o di benessere.
In riferimento all'acquisto di una giacca di velluto blu, il tipo visivo se la mette addosso e si guarda allo specchio, perché vuole

vedere come gli sta. Quello auditivo magari l'acquista perché il suo collega di lavoro gli dice che come indumento è assai pratico. Infine, quello cinestesico la indossa e constata se si trova a suo agio. Eppure, trattasi della stessa giacca di velluto blu.
Ancora un altro esempio. Quello dell'automobile. In fase di acquisto, il cinestesico vuole sedersi dentro. Quasi guidarla, per vedere se si sente a suo agio nell'abitacolo. Vuole sentire il profumo della pelle degli interni. Quello visivo vuole vedere più modelli e giudicare quello che più gli garba. Infine, quello auditivo raccoglierà i pareri e ascolterà i commenti di chi ha quest'auto.
Il bello di questo discorso è che di tipi visivi, auditivi, cenestesici, olfattivi e gustativi, proprio non ve ne sono. Manco l'ombra. Piuttosto, è giusto asserire che esistono diverse strategie rappresentazionali della realtà. Ciò vuol dire che i cinque sensi risultano sì tutti attivi dentro di noi, ma

questi sono messi secondo una sequenza differente. Dalla tua hai il canale di accesso che ti assicura la possibilità di interfacciarti con il mondo esterno: tu venditore, utilizzi questo canale subito, quando incontri il cliente per la prima volta. Il suo utilizzo non è assiduo. Poi vi è il tuo canale di elaborazione, infatti, ti permette di elaborare al meglio le informazioni, di riflettere, di ragionare e di prendere le decisioni. Giuste o errate che siano. Ne consegue che in quanto venditore, sei tenuto ad impiegare il suddetto canale in maniera continuativa. Forse è quello più utilizzato in assoluto.

Non è un caso se molti studiosi degli strumenti di Programmazione Neuro-Linguistica applicata alla vendita lo definiscono anche come canale preferenziale, oltre che canale dell'influenza, in quanto risulta utile per persuadere e per convincere i clienti all'acquisto. Vi è poi il canale profondo, denominato anche come canale interiore, la cui mission di fondo è tutta incentrata attorno alla sfera personale che è di quanto più intimo vi sia in assoluto. Tendi ad impiegarlo non a caso solo ed esclusivamente con i clienti con cui sei in confidenza. Lo si usa di rado con pochi individui.

Come accennavamo poco fa, i suddetti canali sono messi in sequenza. Cosa vuol dire? Che in sostanza c'è il canale di accesso, poi quello di elaborazione subito dopo ed infine quello interiore. Combinando i tre canali, visivo, auditivo e cenestesico, verranno di fatto fuori massimo sei strategie di sistemi rappresentazionali della realtà:

1. VAK (Visuale, Auditivo, Cenestesico)
2. VKA (Visuale, Cenestesico, Auditivo)
3. AVK (Auditivo, Visuale, Cenestesico)
4. AKV (Auditivo, Cenestesico e Visuale)
5. KAV (Cenestesico, Auditivo e Visuale)
6. KVA (Cenestesico, Visuale e Auditivo)

Avere il visivo in accesso, l'auditivo in elaborazione e il cenestesico in quello interiore vuol dire che per avviare una comunicazione di successo i primi termini devono essere connessi alla sfera visiva, poi fare ricorso a verbi attinenti all'area auditiva per creare empatia in quanto riguarda il tuo stesso modo di decidere, e infine adottare modi di dire connessi alla sfera emozionale. In questo caso, il matching si confermerà ancora più solido.

All'acquirente che magari predilige il ricorso della sfera visiva, dire nel ruolo del venditore frasi del tipo GUARDO CON INTERESSE ALLA SUA PROSPETTIVA o ancora VEDO CHIARAMENTE QUELLO CHE RISULTA ESSERE IL SUO PUNTO DI VISTA, VORREI DARE UN'OCCHIATA A QUESTO PRODOTTO o ancora COME VEDE LA SITUAZIONE? vuol dire aver inteso alla perfezione come sono messi in sequenza i suoi canali. In questo caso, è scelta saggia utilizzare sempre e

comunque espressioni attinenti al mondo delle immagini.
Diverso è il discorso con chi ha schemi tendenzialmente auditivi. Trattasi del mondo dei suoni. Quindi, espressioni come E' COSA ASSAI PIACEVOLE SENTIRSI IN TOTALE ARMONIA CON LA SUA POSIZIONE, NON SONO VENUTO QUI SOLAMENTE PER SENTIRMI DIRE QUANTO COSTA QUESTO ARTICOLO o ancora MI SENTO IN PIENA SINTONIA CON QUANTO HO APPENA ASCOLTATO, LA COSA MI STONA o ancora OCCORRE SENTIRE PIU' CAMPANE ti permetterà di affascinare i clienti che filtrano la realtà in primo luogo, soffermandosi su suoni e rumori.
Se invece i clienti hanno schemi cenestesici particolarmente sofisticati, modi di dire come NON DEVE MAI SENTIRSI SOTTO ESAME, HO LE FARFALLE NELLA PANCIA, POSSO TOCCARLO? (ndr in riferimento ad un oggetto appena visto in vetrina) o ancora HA UN TEMPERAMENTO CALDO, MI POSSO

SEDERCI SOPRA? o ancora HA DAVVERO UN CARATTERE SOLARE colpiranno di certo la loro attenzione.

Ciò che intendo trasmetterti in questo caso è che utilizzando i giusti verbi quando vendi un articolo, hai maggiori possibilità di agganciare la clientela. Spesso utilizziamo i predicati verbali, le espressioni e i modi di dire nella maniera più random possibile. Tuttavia, non sottovalutare la cosa. Un'efficiente strategia basata sul giusto utilizzo dei sistemi rappresentazionali ti dà la vantaggiosa possibilità di fare breccia nel cuore degli interlocutori e degli acquirenti. Occhio però che non è che i tuoi interlocutori si servono solo ed esclusivamente di un unico canale. La catalogazione del consumatore limitata ad un singolo canale sarebbe una generalizzazione, dato che ogni individuo utilizza sia il canale visivo che quello auditivo, oltre che quello cinestesico. La tua bravura di venditore, secondo i principi della PNL, consiste nell'individuare anche come sono disposti i sistemi rappresentazionali di chi ha tutto l'interesse ad acquistare, rivolgendosi alla tua professionalità. Utilizziamo quindi tutti e tre i canali rappresentazionali. Tuttavia, c'è n'è sempre uno che preferiamo rispetto agli altri.

Nel corso di una mediazione, orientata alla vendita o meno, i principi della PNL indicano chiaramente che chi parla, nel momento in cui utilizza i canali preferenziali dell'interlocutore, ha maggiori chance di affascinarlo. Si parla di calibrazione, intesa come talento o abilità che si ha nel comprendere al meglio lo stato d'animo dell'ascoltatore e, soprattutto, di notare quelli che si rivelano essere i suoi cambiamenti di stato. La calibrazione, pertanto, risulta indispensabile per creare un rapporto armonico fra le persone. Prestare attenzione ai principali aspetti di chi ti è davanti, a partire dalla presenza fisica per poi continuare con l'intonazione della voce, le espressioni del volto, i movimenti delle mani e via dicendo, è fondamentale per capire se colui con cui stai parlando, al momento si accinge a cambiare stato d'animo. Ad esempio, stai parlando con un amico arrabbiato, perché ha avuto una delusione. Tu lo consoli, dicendo che può succedere. Gli dai la classica pacca sulle spalle e sorridi. Nel giro di pochi attimi, la sua postura del corpo, il tono della voce, l'espressione del viso risulteranno differenti rispetto al momento no. Studiando le persone, a partire dalla respirazione e dal movimento degli occhi, si possono intuire davvero una miriade di cose.

E' merito della calibrazione se si instaura il rapport. Di cosa si tratta? Precisamente di un procedimento tramite cui si va dapprima ad instaurare ed in seguito, nel corso del tempo, a rendere più solido, un buon rapporto tra le persone, dove la fiducia tra

le parti è l'elemento imprescindibile. Se l'ascoltatore si fida di te (e delle tue parole) hai già guadagnato bei punti. Il motivo? C'è sintonia fra le parti. Su questo punto è cruciale una precisazione: il rapport non è eterno. Cosa si intende? Una volta instaurato un rapport, complessivamente buono con l'interlocutore di turno che può essere anche un cliente, beh ... questo non dura all'infinito. Se vedi una tantum i tuoi amici di infanzia, avrai la possibilità di instaurare il rapport ogni colta che li vedrai. Essendo la conoscenza già complessivamente buona, si riscontra il fatto che si perde meno tempo, perché non occorre iniziare ex novo. Tirando le somme, instaurare rapport significa definire il sistema rappresentazionale primario, mediante l'ascolto attivo e partecipe.
Nell'ottica del rapport, il pacing gioca di sicuro un ruolo essenziale: trattasi di un processo, la cui mission di fondo consiste nell'accedere al modello del mondo

dell'interlocutore. Quindi, sempre del cliente, quando si fa esplicito riferimento alla PNL orientata all'area commerciale. Se un acquirente parla con tono di voce pacato, lentamente, scandendo bene le risposte e si ritrova dinanzi un venditore troppo sicuro di sé, dal tono di voce fastidiosamente alto, il pacing non è impostato su criteri di buon senso. Stesso discorso per il cameriere che dà del lei ad un cliente appena entrato nel ristorante e si sente rivolgere il tu. COSA LE PORTO AL TAVOLO? DUNQUE PORTAMI ... quante volte magari hai assistito in prima persona a una scena come questa? Può sembrare insignificante, ma credimi, non lo è affatto.

Rispettare la visione globale dell'interlocutore è molto importante.

Non farlo in una trattativa di vendita è davvero un errore imperdonabile, perché ci si sta giocando la possibilità di concluderla positivamente. Nel primo caso, il cliente parlava a bassa voce perché magari voleva privacy. Il venditore non ha considerato questo aspetto, infischiandosene e facendosi sentire anche da terze parti. Nel secondo caso, il cameriere ha trattato il cliente in maniera formale (come è giusto che sia), mentre quest'ultimo no. Agendo in questi modi, il risultato avrà come denominatore comune il fatto che NON VENDERAI MAI, anche perché metterai in imbarazzo la persona con cui parli.

Come puoi notare se sei stato effettivamente abile a creare rapport con il cliente?

La calibrazione ti consente di osservare l'interlocutore e di percepire le sue reazioni in ogni singola fase del processo di pacing. Se dopo poco tempo, la persona con cui stai comunicando ti mostra cenni di fiducia, vuol dire che hai lavorato a monte davvero molto bene. Se sorride quando gli parli, se ti guarda interessato, se chiede e si informa, perché magari è intenzionato ad approfondire le caratteristiche tecniche dell'articolo che gli stai proponendo, vuol dire che tutto procede liscio come l'olio. Viceversa, se quando gli parli, l'acquirente potenziale mantiene le distanze, non è entusiasta, beh .. sono cenni negativi. Urge una sterzata per ultimare il negoziato commerciale.

Inoltre, se il rapport tra te venditore e il cliente è instaurato, quest'ultimo ti considererà una vera e propria guida: sei tu che lo condurrai in una nuova direzione, vale a dire verso la strada che porta l'acquirente all'acquisto del prodotto. Sei tu che guidi l'interlocutore verso il tuo obiettivo: VENDERE! Ti vendo questo maglione di cashmere bianco, perché morbido, a collo alto, caldo contro il rigido freddo invernale, sempre alla moda e perfetto per ogni look, da quello più elegante a quello più sportivo. Ed il cliente, penserà di farlo, perché ha fiducia in te, ti segue, apprezza la trasparenza della tua proposta commerciale e hai saputo

presentargli quell'oggetto. Anche se magari all'inizio non ne aveva bisogno. Ma tu che sai vendere tutto, gli hai tirato fuori un bisogno.
Ritornando al discorso sul VAK, chiaramente, anche tu venditore ti servi di una strategia di sistemi rappresentazionali. In linea di massima, quelli di espressione coincidono con il canale di accesso (per l'appunto il primo canale).

Tu comunichi con il primo canale, ma quello che ti stimola oltre misura è il secondo canale.
Quello dell'elaborazione. E l'esperienza di un venditore viene fuori nel momento in cui riesce ad identificare in maniera più o meno immediata quello che è il suo secondo canale. Dopo aver fatto un po' di ricalco sul primo canale, conviene aumentare i carichi di lavoro di rispecchiamento sul secondo canale. In questo modo, l'empatia che

andrai a creare con il cliente si confermerà superiore alla media. E ampiamente, pure.

È soltanto il secondo canale quello che ti consente di approcciare al meglio chi sta con te, facendolo stare in uno stato di benessere e rendendo piacevole la compagnia.

Ma ora la domanda da 1 milione di dollari. Come può l'attento venditore decodificare qual è il canale di accesso del cliente, qual è il sistema di elaborazione dell'acquirente e qual è infine lo schema intimo del consumatore?

La Programmazione Neuro-Linguistica mette a disposizione del venditore una variegata lista di raffinatissimi strumenti. Il tono di voce, la cadenza, il ritmo, i movimenti oculari rientrano tra questi.

Prima di farlo sui clienti, prova a porre il seguente quesito ai tuoi amici: COME È STATA LA TUA GIORNATA? Se ci pensa, guardando in alto a destra o a sinistra, farà molto riferimento alla sfera visiva. Se prima

di risponderti, guarda lateralmente, in posizione orizzontale, a destra o a sinistra, fa molto riferimento alla sfera auditiva.
Infine, se prima di esprimersi, pensa guardando in basso, a destra o a sinistra, beh ... allora trattasi di un tipo tendenzialmente cenestesico.
Per concludere, tieni conto sempre del tipo di quesito che poni al cliente effettivo o potenziale.
È ovvio che se discuterai con lui sul tuo piatto preferito, il più delle volte l'interlocutore, prima di risponderti guarderà in basso a destra o a sinistra, perché la componente cenestesica è quella che viene maggiormente coinvolta.
Idem se gli chiedi qual è il film che ami di più, è normale che tenderà a guardare verso l'alto, dato che la componente visiva è quella tirata di più in ballo. Infine, se gli domandi qual è il tuo pezzo musicale del cuore, è frequente che il suo sguardo verrà indirizzato sul lato destro o su quello

sinistro in maniera orizzontale, dato che il lato auditivo è quello che finisce per prevalere. Solo a fronte di interrogativi neutri, verrà fuori quale sarà il sistema rappresentazionale su cui il cliente fa più affidamento. Parlare del più e del meno sin da subito con il cliente ti dà l'opportunità di comprendere la cosa sin da subito e di utilizzare i giusti predicati verbali e i modi di dire adatti per ancorarlo alla tua proposta commerciale.

Se stai attento a come si espongono, i clienti, seppur implicitamente, finiscono per rivelarti se sono tipi visivi, auditivi o cinestesici.

Affascinare il cliente

Su come tu possa essere in grado di affascinare il tuo interlocutore, sia costui un cliente o un destinatario dei tuoi messaggi, sono stati scritti davvero fiumi di inchiostro. Di formule magiche, tanto per intenderci, ce ne sono davvero a iosa. Di tecniche per ottenere l'attenzione del cliente che ti ascolta ce ne sono diverse. Questo è poco ma sicuro. Tuttavia, per diventare bravi comunicatori, c'è bisogno sempre e comunque di capire chi hai davanti a te.
La logica del win-win, vale a dire io vinco-tu vinci, è di sicuro molto apprezzata, perché non scontenta nessuno e il malcontento è un sentimento che non trova radici. In una negoziazione, in qualità di venditore, tu ne esci di sicuro vincente, ma anche il cliente che ti ascolta si conferma una controparte che ne esce vittorioso, perché viaggia in piena sintonia con la tua proposta commerciale. Tu porti a termine la

transazione e vinci, l'acquirente ottiene qualcosa in cambio (che può essere un beneficio) e vince anche lui.

Essere empatico è un valore aggiunto per ognuno che vende qualcosa. Cosa vuol dire questo aggettivo? Avere un appiglio in comune al cliente, condividere i suoi schemi, la sua visione del mondo incentrata su credenze e valori.

Un venditore che ha una cravatta blu che si ritrova dinanzi ad un cliente che indossa solo cravatte blu ha molte più possibilità di concludere positivamente una transazione rispetto ad un venditore che non indossa magari la cravatta e agli occhi di quel determinato cliente perde di attendibilità, perché magari considera il look giacca e cravatta imprescindibile nel mondo del business. Questo è solo un esempio di come anche la più piccola delle cose, apparentemente irrilevante, in realtà può incidere sull'andamento di una determinata mediazione.

Attenzione, però. Se stai vendendo e ti accorgi che le tue credenze sono in disaccordo con quelle del cliente, devi porti l'interrogativo VALE LA PENA ENTRARE IN EMPATIA CON QUESTO DETERMINATO CLIENTE? La risposta sarà sempre soggettiva. Ad esempio, se vendi ma hai uno stile sportivo e sei obbligato ad interagire con i clienti alti dell'azienda, beh, volente o nolente, se desideri avere successo in questo mondo, dovrai snaturare il tuo look. Non c'è verso che tenga. Di Steve Jobs che vendono gli iPhone e gli iPad con il maglione nero, i jeans e le scarpe da ginnastica se ne trovano pochissimi.
La cosa è ancora più evidente quando in un negoziato commerciale entrano in ballo le opinioni personali. Onde evitare di andare in contrasto con il cliente, aumentando la distanza da quello che è il suo punto di vista, beh ... vale la pena cambiare tematica. Se necessario anche con una scusa.

Perché l'empatia è un valore fondamentale, ad onor del vero non soltanto nell'ambito della Programmazione Neuro-Linguistica, ma anche nella routine quotidiana? Essere aperti nei confronti degli altri ti dà il notevole vantaggio di avere più possibilità di essere persuasivo e di ampliare la mappa del mondo personale. Risultato? Cambierai in meglio. Ciò non vuol dire che andrai a snaturare il tuo essere, ma semplicemente che avrai una visione maggiormente completa di quelle che sono le reali esigenze della clientela con cui ti interfacci tutti i giorni. Trattasi di un adattamento e di una flessibilità nell'intuire che ci sono dei cambiamenti in atto nel mondo esterno, quello del business, e che per avere successo nel ramo delle vendite, urge porre in essere delle modifiche nel tuo stile. Il bello è che andrai ad ampliare quello che c'è dentro di te.

Del metodo del ricalco, noto anche come rispecchiamento, ne abbiamo già parlato a tutto tondo nei precedenti capitoli. Abbiamo di fatto visto che creare empatia con il cliente ti consente di sintonizzarti ad un livello assai profondo, riuscendo a valutarne esigenze e bisogni in modo più sottile. La cosa non è di poco conto, perché ti dà la possibilità di differenziarti dagli altri professionisti nella vendita, perché sei stato quasi (ripeto quasi) di creare una sorta di telepatia con chi stai interagendo.

C'è però un generatore di rapport che vale la pena approfondire. Il rapport sui valori e sulle credenze. Entrambi sono pilastri fondamentali della nostra esistenza. Conoscere quelli che sono i valori e le credenze dei tuoi clienti, vale a dire il loro carburante motivazionale, è molto utile quando li approcci. E' fondamentalmente utili, specie ai fini della trattativa, rispettarli, in quanto costituiscono il fulcro nevralgico della sua persona.

Stai vendendo un integratore naturale e il cliente ti dichiara di essere vegano. Tu venditore non lo sei. Sarà scelta saggia, nonostante tu abbia una visione del mondo diversa dalla sua, non entrare nel vivo dell'argomento.

Ribattere ad una sua affermazione, dicendo IO CREDO CHE LO STILE VEGAN SIA ERRATO è un errore enorme nella trattativa, perché vuol dire letteralmente fare a pezzi la sua visione del mondo.

Gli stai strappando letteralmente le pagine dei suoi valori e delle sue credenze. Mai attaccare in maniera brutale i valori e le credenze di chi hai di fronte. Ancor più nel ramo del business. Nella migliore delle ipotesi, il cliente non troverà piacevole la tua compagnia e ti mollerà subito. In questi casi, è bene che tu non ti esprima. Taci. Il silenzio è d'oro. Non stai esprimendo al cliente la tua opinione. Quest'ultimo non si sentirà attaccato nei valori e tu, da oculato venditore, non avrai creato distanza nei suoi confronti. Non ti stai né snaturando, né esprimendo falsi giudizi. Condividi solo ciò che ti senti di condividere e non esporti su ciò in cui dissenti. Anche nella maniera più assoluta. Schierandoti contro le sue posizioni, farai mismatching e ti pregiudicherai la relazione con lui. Da buon comunicatore, nel settore delle vendite, sei sempre responsabili al 100% sia dei risultati ottenuti che dei mancati traguardi.

Rispettare i valori e le credenze del cliente, nella maniera più naturale e spontanea possibile, ti farà percepire di certo in maniera positiva. Creare un rapport di questo genere contribuisce a dar luogo ad un legame solido e duraturo con chi vuole acquistare da te. Farlo artificialmente, in maniera voluta e non inconscia, perché magari hai intuito un paio di valori e di credenze di colui che ti è dinanzi, beh … non ti porterà quasi mai all'intento voluto. Mai essere ipocriti. Ancor più nel settore commerciale. E' un boomerang.

Un venditore di articoli per bambini trova inizialmente empatia con la cliente. Poi, entrando nel vivo della negoziazione, viene fuori che la donna crede fortemente nei principi della famiglia.

Il venditore, che magari non ha questa credenza, le dice BEH, ANCHE PER ME LA FAMIGLIA VIENE PRIMA DI TUTTO, gli può andare bene una volta, due volte, le clienti potranno aprirsi con lui.

Tuttavia, se verrà scoperto, verrà ritenuto ipocrita e la vendita non andrà in porto. Volente o nolente, anche il più abile dei venditori finisce sempre per ritornare nella propria mappa del mondo e verrà fuori che della famiglia non ha alcun interesse.

La condivisione di valori e credenze per essere di successo deve sempre avvenire in maniera sincera, onesta, spontanea, naturale e aperta. Solo in questo modo, la sinergia tra le parti sarà forte e avrà solide radici.

Più integrerai la tua mappa del mondo con i valori e le credenze che ti piacciono, più risulterai aperto a livello caratteriale. Per creare empatia con l'interlocutore di turno, dimostrati sempre attento a ciò che dice, decodifica la sua mappa del mondo e capisci quali sono le sue reali convinzioni. Tutto questo finirà per aiutarti nel mondo della comunicazione.

Gli ancoraggi nella PNL

Quante volte ascoltando una determinata canzone, annusando uno specifico profumo ti viene in mente subito un preciso stato d'anima, magari un piacevole momento del passato? Molteplici sono i fattori esterni che ti permettono di rievocare uno stato interno. Queste sono per l'appunto le ancore. Da uno stimolo proveniente dall'ambiente esterno, sei in grado di rivivere una specifica situazione vissuta in prima persona. Sia essa piacevole o meno.

Quindi, un ancoraggio ti offre l'opportunità di fare un salto all'indietro nella tua mente, di effettuare l'accesso ad uno stato potenziale del tuo vissuto, di ancorarlo, vale a dire di fissarlo nella tua mente tramite un gesto, mediante una parola, attraverso un odore, e infine portarlo con te. In questo modo, sarai stato in grado di creare un interruttore neuro emozionale che potrai sempre riutilizzare, specie nel momento in

cui ne avverti seriamente la necessità. Hai idea di quante volte un ricordo piacevole del passato scaccia un momento negativo?
Il primo a parlare di condizionamento è stato Ivan Pavlov, un affermato etologo e fisiologo russo, vissuto a cavallo tra l'Ottocento e il Novecento. I suoi studi sul riflesso condizionato annunciati nel 1903, gli valsero il Premio Nobel per la Medicina e per la Fisiologia l'anno successivo. Il suo più celebre esperimento è noto come test del cane di Pavlov. Prima di somministrare del cibo all'animale, Pavlov faceva precedere il suono di un campanello. In questa prima fase, non viene rilevata alcuna secrezione salivare. Successivamente, Pavlov forniva la carne al cane e lo stimolo veniva attivato. La fase successiva del test consisteva nel far suonare il campanello al cane, prima di dargli il cibo. Per concludere, nella terza ed ultima fase dell'esperimento, al suono del campanello corrispondeva uno stimolo salivare del cane, nonostante non gli

venisse data la carne. Insomma, al suono del campanello il cane aveva già l'acquolina in bocca, perché si aspettava di mangiare. E' quindi il suono del campanello che diventava a tutti gli effetti il riflesso condizionato. Risultato finale del test di Pavlov è che il cervello è in grado di controllare i comportamenti fisiologici e non solo quelli sociali.

A livello fisiologico si era creata una sinapsi tra uno stimolo esterno e uno stato d'animo interno. Cosa c'entra questo discorso con il campo della Programmazione Neuro-Linguistica abbinata alle vendite? Prima di tutto, diciamo che per far sì che un ancoraggio tra uno stato d'animo interno ed un riflesso condizionato esterno diventi effettivo, le tempistiche variano dalle tre settimane al mese. Questo è noto anche come comportamento di adattabilità alle nuove abitudini. Una nuova abitudine si crea sostanzialmente in questo lasso di tempo.

Quindi, se per un arco di tempo compreso tra i ventuno e i trenta giorni, hai un determinato comportamento o utilizzi un nuovo oggetto oppure associ uno stimolo esterno ad uno stato interno, si crea un ancoraggio

Tuttavia, l'ancoraggio può essere creato anche in tempistiche più immediate. Ma in questo caso, le emozioni devono essere davvero fortissime. La danza maori, la celeberrima Haka, eseguita dagli All Blacks, la fortissima e temutissima nazionale di rugby della Nuova Zelanda rientra di diritto tra gli ancoraggi più conosciuti in assoluto. Quella danza, nel momento in cui viene fatta, mira ad incutere timore reverenziale negli avversari e a rievocare sul campo di rugby, la stessa energia che avevano gli antenati dei Maori, prima di andare in guerra.

Un test concreto può rivelarsi utile per descriverti al meglio che ruolo giocano gli ancoraggi nel campo della PNL abbinata alle vendite.

Individua una sensazione negativa, un qualcosa per cui hai magari ancora un forte rimpianto. Prova a tenerla saldamente in mano. Associa a questa il primo colore che ti viene in mente, la prima forma che ti viene in mente e un qualcosa che puoi associare, sia essa un suono o un gusto. In genere, per queste situazioni molti sono coloro che abbinano colori cupi, nero, grigio, marrone o viola, sensazioni sgradevoli, gusti come amaro, aspro o acido e suoni poco piacevoli come un forte rumore, un brusio o un fischio.

Poi alzati, rilassati, muovi il corpo (braccia, spalle, gambe) con l'intento di rompere uno schema. Passa a pensare ad una situazione piacevole. Che stimolo associ a questa? Che colore ti viene in mente? Associ odori o suoni a questa? In questi casi, a prevalere sono i colori sgargianti o distensivi (rosso, giallo, verde o celeste), suoni melodiosi,

profumi intensi. Rialzati, rilassati di nuovo, muovi ancora una volta il tuo corpo, sempre per rompere lo schema e infine ripensa alla sensazione brutta o al tuo rimpianto. Prova poi a pensare al ricordo positivo. Fa una pausa e poniti la domanda: IL RICORDO POSITIVO È STATO IN GRADO DI AFFIEVOLIRE QUELLO NEGATIVO? In molti casi, la risposta è affermativa. Cosa significa? Questo ancoraggio è stato in grado di migliorare il tuo stato d'animo.
O ancora. Anche la musica si rivela fondamentale per vendere un prodotto, nel momento in cui il cliente di turno associa una colonna sonora che gli ricorda qualcosa di attinente. Nel 1985 uscì Rocky IV. Numerose palestre mettevano come musica in sottofondo la colonna sonora di quando Rocky Balboa inizia gli allenamenti nel cascinale preparatogli ad hoc: Training Montage di Vince DiCola o ancora Hearts on Fire di John Cafferty & The Beaver Brown Band. Risultato? Chi si allenava lo faceva

con maggiore intensità. Non è questa un'ancora creata artificialmente?

Tornando di fatto al mondo del business, l'abile venditore è colui che chiaramente nel pieno di una trattativa riesce a far rievocare al cliente un ricordo piacevole attraverso un ancoraggio. Un esempio concreto di ancoraggio nel campo delle vendite è il seguente. Un venditore di polizze assicurative (prodotto non certo tra i più emozionanti da vendere) entra in una pescheria. Obiettivo, vendere al negoziante la sua polizza. Dopo i classici convenevoli, sulle domande inerenti al suo business, l'astuto venditore che ha già guardato in lungo e in largo il negozio, fa riferimento ad una fotografia, dove è immortalato un tizio che ha tra le mani un grosso tonno. MENTRE ERO IN ATTESA DI PARLARE CON LEI, HO NOTATO QUESTA BELLA FOTO, DOVE C'E' UN SIGNORE CHE HA TRA LE MANI QUESTO BEL TONNO. E' LEI?

Il cliente ricorderà magari un piacevole momento, andando nel dettaglio. Magari dirà, SI, ERO IO. SONO STATO IO A PESCARLO. Il venditore continuerà a tenere l'ancoraggio ben stabile nei ricordi dell'interlocutore con una frase del tipo PERO' CHE BRAVO. PENSI A CHE SODDISFAZIONE DEVE AVER VISSUTO. E il cliente ritornerà sul luogo di pesca, approfondendo il tema con una frase tipo ERA l'ESTATE DEL 2014, IO E TRE AMICI ...
Insomma, questo ancoraggio ha dato il la ad un ambiente distensivo, fondamentale per intraprendere una trattativa di vendita. Concorderai anche tu sul fatto che l'ancoraggio ha contribuito ad aumentare le possibilità di portare a termine l'affare. Vero?
Altro esempio. Sei un venditore alle prime armi e ti accingi a vendere un'auto nuova al cliente. Di cosa hai bisogno nella trattativa di vendita? Essendo novizio, quasi certamente di tranquillità. Prova a pensare

ad un momento in cui hai avvertito una profonda condizione di relax. Magari quando eri in spiaggia la scorsa estate o ancora quando eri in montagna con i tuoi amici. Pensa intensamente a quel momento. Poi crea un ancora. Come? Magari incrociando le dita o tenendo i pugni chiusi. Fallo più volte, affinché l'ancora, che non si crea di certo ex novo, risulti più stabile possibile nella tua mente. Stringi i pugni e pensa al ricordo positivo, stringi i pugni e pensa ancora una volta al ricordo piacevole, continua ad eseguire una ventina di volte l'operazione. Poi cosa succede? Che tenendo chiusi i pugni, il ricordo piacevole sarà ancora più forte, che avvertirai relax massimo attorno a te e sarai te stesso quando venderai l'auto. L'ansia da prestazione tipica dei neo-venditori puoi scacciarla via anche in questo modo.

Quest'ancoraggio è tra i più immediati da creare. Per logica conseguenza, si de-programma anche in maniera estremamene agevole. Più l'ancoraggio risulta strano e fuori dai canonici schemi, più si conferma potente e difficile da de-programmare. Per concludere, gli ancoraggi si rivelano strumenti indispensabili nella Programmazione Neuro-Linguistica applicata alle vendite per poter riaccedere a stati potenziati che permettono al cliente di rivivere piacevoli momenti e per iniziare con il piede giusto una trattativa orientata al business. Nel ruolo di venditore, starà a te decidere quando è il caso di chiamarle in causa. Giocati bene questo jolly e realizza al massimo il potenziale che c'è dentro la tua anima commerciale.

Domande ipnotiche e vendita persuasiva

Uno dei difetti più comuni che i clienti riscontrano in molti venditori risiede in un'eccessiva loquacità. Parlare troppo non è mai positivo. La ragione più comune è che questa categoria di venditori soffre di ansia da prestazione.

Per arrivare presto alla conclusione e per timore di non essere in grado di portare a termine la trattativa di vendita, parlano troppo e saltano degli step che risultano fondamentali nella negoziazione.

Questi venditori non sono aggiornati. Non stanno al passo coi tempi. Il motivo? Si servono di tecniche di vendita demodé, a cui si faceva ampiamente ricorso attorno agli anni Sessanta, quando i clienti non avevano sufficienti informazioni (la TV era uno strumento di nicchia ed internet manco esisteva) e il venditore di turno poteva permettersi il lusso di rimbambirli di belle parole.

Cosa occorre fare quando si vende secondo i principi della PNL?

In primo luogo, porre domande sul contesto.

Il quesito: DOTTOR ROSSI, DI COSA SI OCCUPA LA SUA AZIENDA? è sempre ben accetto. Il motivo? Lascia al cliente la possibilità di parlare a ruota libera.

Il cliente imprenditore potrebbe rispondere in questo modo: NOI SIAMO DEI GROSSISTI SPECIALIZZATI NELLA VENDITA DI ATTREZZATURE SPORTIVE e ARTICOLI FITNESS CHE OPERA A LIVELLO LOCALE.

A questo punto, l'abile venditore cerca di andare più a fondo nella questione, ponendo in primis quesiti generali per analizzare meglio la situazione.

Un quesito come CHE TIPO DI ATTREZZATURE SPORTIVE E ARTICOLI FITNESS? potrebbe rivelarsi utile per andare più a fondo e per rompere il ghiaccio.

La risposta potrebbe essere TABELLONI ELETTRONICI MULTISPORT, PANCHINE RISERVE E ALLENATORE, GABBIE PORTA PALLONI IN ACCIAIO, PALLONI PER PALLANUOTO, CAMPI DI CALCIO, BANDIERINE CALCI D'ANGOLO, ARTICOLI PER ARBITRI, RETI TENNIS e molto altro ancora.

L'abile venditore ha capito il quadro generale della situazione e deduce che il grossista si rivolge a palestre, piscine, campi sportivi. Ma ciò nonostante lo chiede e verifica se il suo bacino di clienti è ancora più.

Ad esempio, LA SUA AZIENDA SERVE ANCHE DEI NEGOZI? permette al venditore di avere un quadro completo del target dell'azienda con cui si sta interfacciando.

La risposta del grossista potrebbe essere affermativa: ASSOLUTAMENTE Sì. VENDIAMO AD OLTRE 500 NEGOZI IN TUTTA LA TOSCANA.

A questo punto, il venditore mette in pratica strumenti raffinati di Programmazione Neuro-Linguistica facendo riferimento ad un episodio personale che risulta gradevole.

Ad esempio:

GUARDI, PROPRIO QUANDO ERO IN SALA D'ASPETTO, HO NOTATO UNA SPLENDIDA FOTO DI RAGAZZO SU UN TRAMPOLINO, POCO PRIMA DI TUFFARSI IN ACQUA. COS'ERA, UNA COMPETIZIONE UFFICIALE?

(Nota bene l'ancoraggio).

Il cliente che ha magari a cuore questo scatto fotografico, sarà propenso a rispondere, dicendo magari: GUARDI, ERA MIO FIGLIO, IMPEGNATO IN UNA COMPETIZIONE AGONISTICA ...

E il venditore, portando il cliente a pensare positivo, coglierà la palla al balzo per dice: ACCIDENTI CHE SODDISFAZIONE!

Poi, ritornerà nuovamente al suo intento primario, ponendo domande sui problemi. Quindi potrebbe dire una frase come: MI

DICEVA CHE VI RIVOLGETE AD OLTRE 500 NEGOZI IN TOSCANA. BENE, COME FATE A CONSEGNARE? L'intento non dichiarato è quello di far venire fuori gli effettivi bisogni del grossista.

Quest'ultimo potrebbe rispondere in questo modo: LA CONSEGNA LA GESTIAMO IN PRIMA PERSONA IO E IL MIO SOCIO, AMICO DI VECCHIA DATA. ABBIAMO UN FURGONE AZIENDALE A TESTA.

Il venditore va ancora più a fondo, concentrandosi sulle tempistiche in cui il volume d'affari per il grossista risulta superiore. Senza essere troppo indiscreto, chiede: POSSO CHIEDERLE, TANTO PER CURIOSITA', QUAL E' IL PERIODO IN CUI AVETE PIU' LAVORO?

Il cliente che ha concesso fiducia al venditore replicherà: SENZA OMBRA DI DUBBIO QUELLO ESTIVO. LA TOSCANA E' PIENA DI METE BALNEARI E, DI CONSEGUENZA, IN ESTATE SI LAVORA

MOLTO. ANCHE TROPPO. SPESSO CI CAPITA ANCHE DI ANDARE IN AFFANNO.

Con quest'ultima frase, il cliente svela inconsciamente uno dei suoi punti di debolezza al venditore che ricordiamo è un perfetto sconosciuto. Ciò indica che il venditore si è rivelato abile nel creare un ottimo rapporto di comunicazione interpersonale.

Il venditore questo punto della trattativa fa emergere in maniera lapalissiana che il grossista si ritrova dinanzi ad un problema piuttosto ostico da fronteggiare. La domanda MI STAVO PROPRIO CHIEDENDO MA COME FATE IN QUESTO PERIODO A PORTARE A TERMINE TUTTE LE CONSEGNE? fa centro.

Il grossista darà la sua spiegazione: IN ESTATE CI SONO TRE PERSONE CHE CI DANNO UNA MANO. SONO LAVORATORI STAGIONALI CHE ASSUMIAMO SOLO NEI MESI DI GIUGNO, LUGLIO E AGOSTO. OGNUNO HA UN FURGONE PERSONALE.

QUINDI, IN ESTATE SIAMO IN CINQUE CHE CONSEGNANO.
Sulla stessa logica degli altri quesiti, un'altra domanda ben posta, secondo i principi della PNL è quella di porre il dito a fondo sulla questione. QUINDI IN ESTATE RIUSCITE, SEPPUR PER IL ROTTO DELLA CUFFIA A PORTARE A TERMINE TUTTE LE CONSEGNE, GIUSTO?
Il cliente non potrà che annuire, rispondendo in maniera affermativa anche se non molto entusiasta. Ciò che è emerso a questo punto è che il problema c'è e la soluzione fino a questo punto non è il non plus ultra, TANTO E' VERO CHE QUALCHE CONSEGNA ABBIAMO DOVUTO SALTARLA. LA MOLE DI LAVORO IN ESTATE ERA TROPPA.
Ora viene la parte numerica. Utilizzando i potenti strumenti della Programmazione Neuro-Linguistica, l'astuto venditore porrà il quesito: QUANT'E' CHE EFFETTIVAMENTE PERDE LA SUA AZIENDA IN TERMINI

ECONOMICI NEL MOMENTO IN CUI LA CONSEGNA NON VA IN PORTO? PUO' DARMI CORTESEMENTE UNA STIMA? COSI' TANTO PER ...

Obiettivo del suddetto quesito è quello quindi di far concentrare il cliente sull'ostacolo che la sua realtà imprenditoriale ha dinanzi.

L'imprenditore, a cuor leggero, potrebbe rispondere in questo modo. AD OCCHIO TEMO, AHIME', CHE UNA CONSEGNA MANCATA CI COSTI NON MENO DI 3.000 EURO. MA IN ALCUNI CASI, ANCHE QUALCOSA IN PIU'.

Il venditore verifica a questo punto l'entità dell'effettivo problema, chiedendo: NON È UN PO' TROPPO?

Il cliente, un po' deluso, confermerà: SI', PER UNA PICCOLA AZIENDA COME LA NOSTRA, IL PROBLEMA SUSSISTE.

A questo punto, le domande ipnotiche entrano nel vivo. Il venditore lascia sempre parlare il cliente. È questa infatti l'idea che c'è di fondo nel campo della Programmazione Neuro-Linguistica. Porre una domanda sulla possibile soluzione al problema, come MI DICA, COME POTREBBE ESSERE RISOLTO IL PROBLEMA? è un modo corretto di porsi. Il motivo? L'imprenditore si sentirà valorizzato dal quesito, perché sa che il venditore è effettivamente interessato a conoscere il suo parere, nonché focalizzato sulle sue concrete necessità.

Ergo, la sua possibile risposta potrebbe essere la suddetta: PREVEDERE IN ESTATE IL NUMERO DI CONSEGNE DA FARE È COSA ASSAI COMPLESSA. SAREBBE NECESSARIA FORSE UNA PERSONA IN PIU', PERO' NON FISSA, CHE MAGARI POSSA VENIRE A LAVORARE A CHIAMATA. NEI MOMENTI DI PICCO, CON UNA TELEFONATA CHIAMEREI QUESTA PERSONA CHE CON UN FURGONE PROPRIO POTREBBE DARMI UNA GROSSA MANO. IN QUESTO MODO, NON MI RITROVEREI DINANZI A COSTI FISSI DA

AFFRONTARE E I MIEI PROFITTI NON RISULTEREBBERO POI PIU' DI TANTO INTACCATI.

Arriva ora il momento clou della trattativa di vendita. Il venditore è chiamato a spiegare in maniera accurata quale servizio propone, spingendo però il Dottor Rossi a chiedere informazioni sul prodotto/servizio offerto. Con una frase del calibro DOTTOR ROSSI, SORRIDO PERCHE' IO HO IL SERVIZIO DI CUI LA SUA REALTA' AZIENDALE HA BISOGNO, il venditore conquista l'attenzione del grossista toscano che non potrà fare altro che chiedere lumi.

Il venditore spiegherà i vantaggi della sua proposta commerciali: IL NOSTRO SERVIZIO CLICCA CONSEGNA VELOCE LE PERMETTE DI CONTATTARE UN ESPERTO ADDETTO ALLE CONSEGNE CHE, MUNITO DI MEZZO PROPRIO, A CHIAMATA, ANCHE LAST MINUTE, PORTA A TERMINE LA CONSEGNA IN TUTTA LA TOSCANA.

Da lì in poi il grossista chiederà informazioni su prezzi, disponibilità e con ogni probabilità contatterà l'addetto alle consegne nel periodo estivo.
Il venditore di turno ha lavorato con domande ipnotiche. Cosa sono? Domande semplici, secche che vanno dritte al nocciolo della questione e che catturano l'attenzione del cliente potenziale di turno che ha tutta la libertà di esprimersi in maniera libera.
Questo è uno dei modus operandi più corretti che, nel ruolo di professionista attivo nel campo delle vendite commerciali, puoi seguire nel corso di una negoziazione. Fare ricorso su una sequenza di quesiti che portano il cliente potenziali ad interessarsi alla soluzione da proporre.
Inquadrare in primo luogo il contesto (Chi è il cliente? In quale settore opera?), portare il cliente potenziale a far dire Houston, abbiamo un problema, fargli dire con la sua voce che qualcosa non va, esaminare gli

effetti che il problema provoca (quasi a mettere il dito nella piaga), farsi chiedere dal cliente quali soluzioni avrebbe in mente (conoscendo il prodotto che è pronto a presentare) ti permette di ruotare intorno al cliente, capendone al meglio le sue reali esigenze.

E tu sei in grado di persuadere il cliente? Puntare molto sulle domande ipnotiche ne vale davvero la pena, se hai a cuore la necessità di concludere la transazione con successo.

Lo Switch Mode

Quando vendi, devi prestare attenzione ai comportamenti automatici che tendono ad innescarsi indipendentemente dalla tua effettiva consapevolezza. Partendo dall'assunto che la mente apprende facilmente i comportamenti, ecco un esempio utile al tema.

Supponiamo che un uomo, dopo una giornata di duro lavoro, torna a casa e non aspetta altro che andare a letto. Tuttavia, quando si reca in stanza da letto, la trova disordinata ed inizia ad imprecare. La sequenza è basata sui seguenti passaggi: APERTURA DELLA PORTA D'INGRESSO -> ENTRATA NEL CORRIDOIO -> SALUTO ALLA MOGLIE E AI FIGLI -> ENTRATA NELLA CAMERA DA LETTO -> VISTA DEL CAOS ASSOLUTO -> IMPRECAZIONI.

Se la scena si ripete più volte, la cosa diventerà un automatismo incontrollabile. Il problema è che la mente apprende anche i comportamenti distruttivi che possono mettere seriamente a repentaglio le relazioni. Non solo nel campo delle vendite tra acquirente e venditore, ma anche a livello professionale o familiare. Onde evitare di danneggiare se stessi e le relazioni con gli altri, occorre riconvertire il comportamento. In questo caso, dell'uomo che stanco si aspetta di trovare ordine in casa. Individuata la tipica sequenza degli eventi, già descritta, il modello dello switch mode nel campo della PNL presuppone che l'intervento non venga eseguito sullo stato negativo. Il perché di questa scelta è semplicissimo: oramai è troppo tardi.

Occorre programmare una valida alternativa ben prima. L'alternativa va innescata in questo caso nello step VISTA DEL CAOS ASSOLUTO. Quando l'uomo stanco vedrà il disordine, dovrà associare una piacevole alternativa. Mettere le cose in ordine insieme alla moglie e ai figli è una di queste. Comportamenti insomma che si confermino costruttivi e non distruttivi. Lo switch model nella PNL non fa altro che tirar fuori dalla mente del diretto interessato il comportamento distruttivo (in questo caso le imprecazioni alla vista del disordine), tenendolo lontano, e si va quasi ad installare nella sua mente una piacevole alternativa (nel nostro esempio, il lavoro di squadra con la famiglia nel riordinare la camera da letto). Il processo di installazione della nuova immagine, a cui si associa una sensazione piacevole, va ripetuto più e più volte: all'inizio a velocità normale, poi via via a ritmi più accelerati. Dopodiché, rimettendoti alla prova, constaterai quasi certamente che in automatico innescherai un nuovo comportamento.

Stato potenziante o depotenziante?

La Programmazione Neuro-Linguistica prevede ben due stati: lo stato potenziante e lo stato depotenziante.
Quali differenze intercorrono? Partiamo dalla definizione generica di stato d'animo. Di cosa si tratta? Semplicemente della condizione, in termini fisici e mentali, in cui l'interlocutore e il cliente si trovano in un preciso momento.
Entrando nel tema, ai fini dei principi della PNL, lo stato depotenziante viene definito come K-, in quanto trattasi di condizione psico-fisica disfunzionale. Un cliente non sembra particolarmente concentrato sull'articolo che desideri vendere o alle caratteristiche tecniche del servizio che gli stai presentando. Il suo sguardo sembra vuoto, manco ti fissa. Con una battuta, nel ruolo di venditore, puoi cambiare il rapport,

portandolo di fatto da uno stato depotenziante ad uno potenziante, noto in PNL come K+. Una condizione psico-fisica ottimale del cliente aumenta di sicuro le possibilità che la negoziazione nella vendita sia ultimata con successo.

Un esempio di stato depotenziante è il suddetto: stai lavorando al PC, ma la tua linea ADSL non è il massimo. La connessione cade sempre. Poi succede che un venditore telefonico ti chiama proprio nel momento in cui la connessione internet viene meno e quel film che tanto ti stavi gustando in streaming si interrompe. Tu, teoricamente, avresti tutto l'interesse ad ascoltarlo, perché vuoi cambiare operatore di telefono e internet. Tuttavia, non lo fai e magari chiudi scortesemente la telefonata con il più classico ho da fare. Ti è già capitato di vivere in prima persona la cosa?

Morale della favola è che se vendi, prima di avviare la trattativa, è cosa saggia verificare che lo stato psico-fisico del cliente sia K+, vale a dire potenziante. Ciò non significa affatto che il cliente con cui stai interagendo deve essere sempre sorridente e pronto a dirti di sì. Vuol dire solo che non ci devono essere barriere o ostacoli di natura esterna nel momento in cui inizi le operazioni di presentazione dell'articolo.

Ma occhio che saper sfruttare uno stato depotenziante (K-) può farti portare a termine la vendita. Sai quante volte, venditori di smartphone hanno fatto sentire in imbarazzo, quasi in modo sfacciato, i loro clienti perché avevano un dispositivo ultra-datato e quasi gli dicevano MA NON TI VERGOGNI DI UTILIZZARE ANCORA QUESTO TELEFONO? Lo stesso dicasi per i venditori di automobili. Hai idea in quante occasioni, i venditori hanno messo il dito nella piaga dei clienti che guidavano veri e propri catorci? Occorre saperlo fare, però. Occorre utilizzare il giusto linguaggio quando si tratta di calcare su uno stato depotenziante.

Un'osservazione mal posta o mal interpretata dalla controparte non farà altro che pregiudicarti l'esito positivo della negoziazione commerciale.

Approfondendo il discorso dello stato depotenziante, vi sono delle parole dannose in una trattativa commerciale.

Eccole in rapida carrellata:

· NO.

Un cliente ha visto in vetrina un bel paio di jeans. Tuttavia al colore blu, preferisce quello nero, perché magari più in linea con il suo stile. Così, entra in negozio e chiede. BUONGIORNO. BELLI QUEI JEANS. SONO DISPONIBILI NELLA COLORAZIONE NERA? E il venditore replica con un perentorio NO. Risultato? Il cliente saluterà e andrà via. Il NO è una parola che va bandita tassativamente dal vocabolario del venditore. In qualsiasi trattativa di vendita, ci sono sempre degli escamotage che portano a dire sì. Il che non significa che quando vendi, stai mentendo, ma che occorre essere scaltri nel non bruciarsi la vendita. NO, a livello neuro-linguistico, è una risposta che ha un impatto negativo devastante sul cervello di chi lo ascolta. Viene attuato un meccanismo di chiusura che porta il cliente all'allontanamento. L'interlocutore si sentirà respinto. E' un dato di fatto.

Quando vendi, proponi sempre alternative costruttive, volte a valorizzate uno stato potenziante (K+). Ritornando al quesito BELLI QUESTI JEANS, SONO DISPONIBILI NELLA COLORAZIONE NERA? Invece di rispondere NO, un'alternativa costruttiva è IN QUESTO MOMENTO, SONO DISPONIBILI IN BLU E IN BIANCO. La parola NO, manco è comparsa. VUOLE PROVARLI? Il cliente potrebbe trovare l'alternativa COLORE BIANCO piuttosto valida e interessante.

· DISTURBO

Pensaci bene. Esiste uno scenario in cui tu possa considerare il disturbo come fonte di benessere. La risposta è scontata:

assolutamente no. Ergo, non complicarti la vita quando vendi. Bandisci questa parola dal tuo lessico.

LA DISTURBO PER SAPERE SE E' INTERESSATO AL NOSTRO ULTIMO SERVIZIO DI ABBONAMENTO TELEFONO INTERNET. L'incipit è un autogol. Meglio la forma LA CONTATTO PER SAPERE SE E' INTERESSATO AL NOSTRO ULTIMO SERVIZIO DI ABBONAMENTO TELEFONO INTERNET.

Suona in maniera differente, vero?

- SCUSA/SCUSI

Se ci pensi, quand'è che si chiede scusa? Quando si sbaglia, quando si commette un errore. L'impatto della parola SCUSA/SCUSI in termini neurologici non è di certo positivo, perché ha il retrogusto di una giustificazione. Anche se detta in modo educato e formale.

SCUSI SE MI PERMETTO, MA AL POSTO DEI JEANS NERI, HO DEI PANTALONI IN FLANELLA NERI. VUOLE PROVARLI?

Dal tuo processo di vendita, la parola SCUSA/SCUSI va tassativamente tolta visto che nell'impatto del cliente suona come se ti stessi giustificando. Risultato? Rischi di far diventare inefficace la tua trattativa. Non si tratta di un eccesso di educazione. In questo caso, meglio andare al sodo, dicendo. GUARDI, HO DEI PANTALONI IN FLANELLA NERI. VUOLE PROVARLI?

· SE FOSSI IN TE/LEI

In quanto venditore, ti dimostri asfissiante, perché ti stai mettendo nei panni del cliente. Risultato? Disastro totale. BUONGIORNO. BELLI QUEI JEANS. SONO DISPONIBILI NELLA COLORAZIONE NERA? Una risposta del tipo SE FOSSI IN LEI, OPTEREI PER QUEL BEL PAIO DI PANTALONI NERI IN FUSTAGNO non è professionale, perché dimostra che della domanda iniziale del cliente proprio non hai il minimo interesse. Stai presupponendo di conoscere i gusti del cliente. E' il cliente che deve avere sempre e comunque la facoltà di scegliere cosa vuole e di decidere ciò che più si rivela in linea con quelli che risultano i suoi gusti o le sue necessità.

Meglio dire nel nostro esempio ADESSO VEDIAMO SE QUESTO BEL PAIO DI PANTALONI NERI IN FUSTAGNO FA PROPRIO AL CASO SUO.

· TI SPIEGO

Questa formula crea anche uno stato di rabbia nel cliente, perché quest'ultimo presupporrà che il venditore lo considera come uno in grado di non capire. O tutt'al più, che tu in quanto venditore sai tutto e che lui, in qualità di cliente davvero poco o nulla.

TI SPIEGO. IERI, UN CLIENTE HA ACQUISTATO L'ULTIMO PAIO DI JEANS NERI. Meglio dire GUARDI, LI HO ORDINATI IERI, DATO CHE UN CLIENTE SI È AGGIUDICATO L'ULTIMO PAIO.

Altro fulgido esempio. Alla formula di ingresso GUARDA, TI SPIEGO LE CARATTERISTICHE HARDWARE DI QUESTO

SPLENDIDO TABLET. Meglio sostituire la forma più morbida GUARDI, MI SPIEGO MEGLIO CIRCA LE CARATTERISTICHE HARDWARE DI QUESTO SPLENDIDO TABLET. Ritornando al discorso del VAK, in questo caso, se il cliente è visivo dire LE MOSTRO LE CARATTERISTICHE HARDWARE DI QUESTO SPLENDIDO TABLET, se è auditivo ORA TI ELENCO UNA AD UNA LE CARATTERISTICHE HARDWARE DI QUESTO TABLET, APPROFONDENDOLE NEI DETTAGLI, se è cinestesico PROVA CON MANO CHE CARATTERISTICHE HARDWARE HA QUESTO TABLET, ti dà una marcia in più nei negoziati. Il motivo? Prendi il cliente con disinvoltura assoluta.

· TI DICO LA VERITA'

Altro errore imperdonabile. Questa locuzione ti boccia la vendita, perché il cliente presuppone quasi inconsciamente che di norma quando vendi, tu sia un bugiardo. BELLI QUESTI JEANS, SONO DISPONIBILI NELLA COLORAZIONE NERA?

Risposta GUARDA, TI DICO LA VERITA'. LI HA COMPRATI IERI UN CLIENTE. La massima TI DICO LA VERITA' ha il potere di vanificare tutto ciò che hai detto in precedenza.

Come intercalare anche FRANCAMENTE e SINCERAMENTE è meglio toglierli. Elimina il superfluo dal tuo lessico e comunica andando al sodo. Quasi a puntare in maniera diretta al nocciolo della questione.

- NIENTE

Usato come intercalare è sinonimo di autogol nella vendita.

EH, NIENTE. A CATALOGO HO TANTE BELLE NOVITA'. VOGLIAMO GUARDARLE INSIEME? Meglio la forma senza l'intercalare negativo A CATALOGO HO TANTE BELLE NOVITA'. VOGLIAMO GUARDARLE INSIEME?

In conclusione, se vendi, ricorda di non utilizzare queste parole dannose. MAI. L'impatto in entrata sul cliente è disastroso. Le prime parole che comunichi hanno un impatto fortissimo sul cervello del destinatario. Poi diventa veramente complesso, andarle a rimuovere dalla sua mente. Quindi, in una mediazione, non partire col piede sbagliato.

La Regola del Contrasto

Nell'ambito della Programmazione Neuro-Linguistica applicata alla vendita, il principio del contrasto presuppone che nel momento in cui un venditore presenta due prodotti in successione, se il secondo stimolo si differenzia dal primo, ne consegue che lo si vedrà in maniera ancora più distante da quello che è in realtà. In sostanza, mettere in fila una sequenza di cose contribuisce ad alterare la situazione singola. La percezione del cliente risulta modificata. Questo è un dato di fatto.

Nella vendita, una cosa sarà presentare al cliente un solo prodotto alla volta. Un'altra cosa è presentare due prodotti insieme. Infine, cosa assai diversa è presentare simultaneamente più prodotti. La percezione del cliente non potrà che essere totalmente differente.

Esempio

Un'azienda di software propone un programma disponibile in tre versioni. Una entry level che costa pochissimo, ma con caratteristiche minimal. L'altra, dal prezzo leggermente più alto, ma comunque accessibile a tutti, contraddistinta da un numero importante di funzioni, ottime per l'utente medio. Infine, l'alternativa top di gamma dal prezzo alto, ma con caratteristiche per gli utenti high-professional. Con queste strategie, molte company del settore dell'information technology riescono ad intercettare al meglio un bacino di utenza decisamente più ampio. Tuttavia, secondo te, quasi sempre, qual è la versione che vende di più a livello di software? Naturalmente, la seconda. Quella media. E non solo perché l'utente medio nel campo dell'IT fa parte di un target più numeroso. La motivazione è che quasi tutti coloro che navigano in internet valuteranno i benefici e la qualità del servizio offerto e poi decideranno. Tutto

sommato, però, porre la versione media dell'applicativo al centro fra quella entry level e quella top di gamma, è di sicuro una strategia che premia.
Scremare e sequenziare è una delle colonne portanti della regola del contrasto nella PNL. Se il cliente entra in una lussuosa boutique di moda, dove ci sono una miriade di vestiti, presentati senza rigore logica, dopo averli visti in rapida carrellata tutti, il cliente potrebbe non acquistare un bel niente. Questo perché a monte, il lavoro di scrematura, nel ruolo di venditore, non lo hai fatto proprio. Hai caricato di aspettative l'acquirente potenziale, ma non hai saputo colpire la sua attenzione nei modi giusti.

Chiudere la vendita

Abbiamo visto come chiudere una trattativa di vendita non sempre è facile. Mettere il cliente spalle al muro, optando per una strategia àut àut presenta una serie infinita di rischi che possono mettere seriamente a repentaglio l'andamento della negoziazione e, nel caso peggiore, il bivio può mandare all'aria la trattativa di vendita. Ergo, se sei un venditore, lascia perdere questa strategia, onde evitare che il tuo cliente ti giri le spalle e si rivolga altrove. Di parole magiche che ti consentono rapidamente di chiudere la mediazione, purtroppo non ne esistono. Tuttavia, vi sono formule e tecniche decisamente utili al caso che, tra le altre cose, ti danno l'opportunità di tenere lontana l'ansia da prestazione. Quanti sono i venditori che quando interagiscono con il cliente non vedono l'oro di sospirare la fatidica frase ECCO, CE L'HO FATTA?

Il cliente non può passare da uno stato demotivato ad uno entusiasta in men che non si dica. Non ti firmerà alcun contratto e non gli venderai nulla se ai suoi occhi non apparirai come una persona (NB: una persona, non un venditore) credibile. La condizione ideale per te venditore, vale a dire il cliente che acquista da te al volo senza fare troppe domande (insomma, senza darti troppe seccature) è una situazione che si verifica solo una tantum. Una combinazione astrale che va in porto una volta su un milione. Oggi il cliente ha internet ed è già informato di suo. Tuttavia, pone quesiti per saperne di più e per orientarsi rispetto alla concorrenza (che in genere è sempre tanta). Ergo, quando vendi un prodotto, devi essere preparato. Devi conoscere tutte le sue caratteristiche dal punto di vista tecnico. Devi sapere cosa ha di tanto speciale da renderlo unico dai competitor. Devi individuare i punti focali per cui valga la pena acquistarlo e trasmetterli con entusiasmo al tuo interlocutore. Se non hai quest'arte (perché di arte si tratta) ... beh allora il mondo delle vendite non è quello che fa al caso tuo.

Molti venditori commettono pertanto l'errore di voler pensare subito alla conclusione della trattativa, dimenticando tutto il lavoro da fare a monte nell'ottica del convincimento e della persuasione dell'acquirente. Approcci mal gestiti, come un ritardo ad un appuntamento con il tuo cliente, un abbigliamento non del tutto in linea al momento, un modus operandi troppo pressante e asfissiante (specie con i clienti alti dell'azienda), una frase sbagliata, un'errata comunicazione sono tutti problemi che non devono mai sussistere, per il semplice motivo che ti fanno già partire col piede sbagliato. Risultato? Il cliente non acquisterà mai da te.

Non è un'iperbole credere che la trattativa di vendita sia un processo paragonabile alla costruzione di un castello di carte. Ci sono delle fasi basate su logiche di equilibrio e di incastri: se i piani del castello sono solidi da partire della base, arrivare in cima sarà possibile. Allo stesso modo, se la fase iniziale ti consente di abbassare la diffidenza del cliente, le possibilità che ti sigli il contratto si riveleranno decisamente superiori. L'approccio visivo e il primo contatto sono step decisivi nella fase iniziale. E, abbiamo visto come le tecniche di Programmazione Neuro-Linguistica possono dare una grossa mano, per far sì che il venditore e il cliente viaggino sulla stessa lunghezza d'onda.

Se non gestisci bene l'approccio con il cliente, a partire dalle prime battute, come fai a sperare che abbia il minimo interesse nei confronti di ciò che gli proponi in termini commerciali? Come puoi minimamente credere di avere successo in questo contesto, se prima di tutto non intercetti le sue esigenze concrete, soffermandoti solo sulla tua agenda, sulle tue priorità e sulle caratteristiche del prodotto? A monte, nella trattativa di vendita, il lavoro di identificazione delle reali necessità degli acquirenti è una conditio sine qua non per lavorare bene sul campo e per presentare proposte effettivamente utili, coerenti con i suoi valori e con le sue credenze, e conseguentemente credibili.

Pertanto, l'approccio visivo e il primo contatto, che tu voglia o no, si rivelano già decisivi per l'esito della trattativa. Lì non devi sbagliare, perché i rischi di beccarti un due di picche poi diventano alti o tutt'al più, se proprio sei ottimista, dovrai affannarti per portare a termine un recupero che avrebbe poi del clamoroso.

Il porre le domande giuste, il lasciar parlare il cliente a ruota libera facendo ricorso a quella che Socrate definiva come arte della maieutica, lo schema dell'identificazione del contesto, dei problemi, degli effetti e delle soluzioni, che abbiamo già descritto nella trattativa tra il venditore di articoli e attrezzature sportive al Dottor Rossi, il grossista toscano, ti darà una grossa mano nel centrare l'obiettivo. Vendere è un'arte, dove prima di tutto occorre creare un clima distensivo. Sii gioviale. Sempre.

La chiusura infine va fatta bene, onde evitare delusioni. Ma questa si rivela efficace solo se a monte hai lavorato bene. Possiamo paragonare questa operazione ad una spinta ad un amico che proprio non se la sente di tuffarsi in acqua. Quante volte, quando sei stato a mare, ti sei ritrovato nella condizione di vedere amici piuttosto reticenti, prima di tuffarsi in acqua, perché magari la consideravano troppo fredda in quel momento? Beh ... dar loro una spinta, ti consente di fargli superare questo momento di impasse. L'attimo di esitazione, che volente o nolente di registra in tutte le trattative di vendita, va superato con la nonchalance più totale. D'accordo, hai convinto il cliente, ma la firma sul contratto ancora non la vedi. L'acquisto non lo ha ancora portato a termine. E tu, allora dagli una bella spinta! Proprio come l'amico titubante, qualche attimo prima di tuffarsi, una volta che sarà poi in acqua ti ringrazierà. Ecco, il cliente farà più o meno così, tanto per intenderci.

Di tecniche di chiusura nella vendita ce ne sono davvero una moltitudine. Ogni venditore ha il suo stile. Noi ci limitiamo a segnalarti un esempio che può rivelarsi ai tuoi occhi particolarmente stuzzicante: la cosiddetta tecnica di chiusura alla Benjamin Franklin. Politico a tutto tondo, self-made man, giornalista, tipografo, attivista, autodidatta, scienziato e inventore lungimirante per le invenzioni del parafulmine, l'armonica a bicchieri, le lenti bifocali, la stufa-caminetto (nota come stufa Franklin) e per il miglioramento dell'odometro, la proposizione dell'ora legale, nonché tra i Padri Fondatori degli Stati Uniti d'America che partecipò attivamente alla Rivoluzione Americana, vissuto nel Settecento, Benjamin Franklin risultava particolarmente apprezzato per come conduceva le negoziazioni con gli interlocutori. L'intera trattativa avveniva nella più totale trasparenza, visto che soleva presentare i punti a favore e quelli a sfavore di una decisione. In questo modo, veniva giudicato in maniera positiva, perché, come indicato, ognuno lo vedeva per quello che effettivamente era. Un uomo onesto, prima di tutto. Prova a condurre con il cliente una trattativa seguendo lo schema del venditore di attrezzature sportive e quando stai per chiudere il negoziato, armati di carta e penna e metti giù i vantaggi della proposta commerciale sotto il segno "+" e gli svantaggi sotto il segno "-" (chiaramente i primi devono essere superiori e di maggiore qualità rispetto ai secondi). Poi guarda negli occhi il tuo interlocutore. Scommettiamo che ti osserverà sotto una luce diversa? Il motivo?

Ti sei distinto dagli altri venditori, operando in un modo unico, ma al tempo stesso trasparente ed autorevole. Dimostrare interesse nei confronti di ciò che il cliente crede, magari facendogli scrivere di suo pugno altri vantaggi e svantaggi del prodotto o del servizio che gli stai proponendo, sarà di sicuro una strategia assai gradita. Poche devono essere le motivazioni tangibili che devono portare l'interlocutore a darti un rifiuto. Se sotto il segno "+", di motivi per l'acquisto ce ne saranno tanti ed il cliente penserà OK, MI HAI CONVINTO. ACQUISTARE DA TE, NE VALE DAVVERO LA PENA, avrai fatto centro! Nota bene: questo modo di condurre il negoziato, noto come metodo alla Benjamin Franklin va in porto solo se il cliente ha già maturato interesse in quello che dici. Gli devi dare solo la spintarella finale e poi avrai fatto bingo. Partire su due piedi con questa tecnica è puro suicidio in termini di negoziato. E' come lanciarsi da un aereo senza prima aver verificato se il paracadute presenta problemi. E' come dimostrare romanticismo nei confronti di una ragazza, senza che tu abbia notato cenni di interesse in lei. Per questa tecnica, devi esserti già creato una bella autostrada vuota, da guidare verso il traguardo. E questo lo puoi fare con un lavoro ben strutturato a monte … anche ricorrendo alle tecniche di PNL orientate alla vendita!

Vi sono poi parole magiche assai utili per concludere una trattativa di vendita.

Quali sono?

· SI'

Tutti noi, ma proprio tutti, nei panni del cliente vogliamo sentirci sempre dire di sì. In riferimento al cliente che chiedeva dei jeans neri, dopo aver visto quelli blu in vetrina, alla domanda diretta SONO DISPONIBILI ANCHE NELLA COLORAZIONE NERA?, l'esperto venditore, nonostante non li abbia, può dir SI'. MI ARRIVANO DOMANI, IN QUANTO IERI LI HO ORDINATI.

A livello neurologico, una risposta affermativa comporta la dilatazione delle pupille e il rilassamento dei muscoli facciali da parte di chi lo riceve. Infine, si crea un ambiente particolarmente distensivo. La predisposizione ad incassare sì è l'anticamera per raggiungere importantissimi traguardi nel momento in cui si fa riferimento al mondo delle vendite.

· Aggettivi positivi creano predisposizione all'acquisto
- Questo software è davvero ricco di opzioni
- Questo tablet è fantastico
- La guida di quest'automobile è un'esperienza unica
- Questo notebook è il migliore della sua gamma
- Il maglione a collo alto in cashmere è il più elegante tra quelli visti quest'anno

· Nome Proprio

Quante volte magari finisci per arrabbiarti, perché quella persona appena conosciuta ha già dimenticato il tuo nome? Non è che lo fa di proposito. Solo è che non ti piace, perché è come se ti stesse snobbando, non ricordandosi minimamente di chi sei?

Se hai conosciuto da poco il cliente, dargli del tu e chiamandolo per nome è un approccio che a molti piace.

GUARDA FRANCESCO, QUESTO TABLET RISPETTO AL MODELLO DELL'ANNO SCORSO HA UNA GRAFICA PIU' PERFORMANTE, UN PROCESSORE PIU' POTENTE, UNA MEMORIA INTERNA PIU' CAPIENTE, SCATTA FOTO ANCORA MIGLIORI.

· La regola dei ricalchi

Nel nostro libro ne abbiamo ampiamente disquisito. Tuttavia un altro esempio classico: in quanto venditore, un cliente ti chiama CIAO ALESSANDRO HO UN PROBLEMA ALLA LINEA ADSL. PUOI CORTESEMENTE DARMI UNA MANO.

Il venditore farà ricalco dicendo. CIAO LUIGI. CHE PROBKEMA C'E'. TROVIAMO AL VOLO LA SOLUZIONE!

Conclusioni

Tirando le somme, gli strumenti della PNL si rivelano indispensabili per i venditori che desiderano portare a termine con esito positivo gli affari, a prescindere dal settore in cui operano, sia questo il mondo degli immobili, delle assicurazioni, dei corsi professionali, dei videogiochi, degli integratori alimentari, dei prodotti ad uso domestico, degli elettrodomestici e vi dicendo.

Se sei alle prime armi nel campo della vendita o se lavori al momento in questo campo, ma hai un carattere un po' introverso o se sei timido, i principi della Programmazione Neuro-Linguistica descritti in questo libro possono aiutarti di sicuro ad avere maggiore fiducia nella tua persona e, di conseguenza, a farti relazionare in maniera più diretta e ... perché no sfacciata con la tua clientela. Denominatore comune di una trattativa portata a termine con successo nel campo della vendita è quello di riconoscere bene il cliente che è di fronte a te e saperlo trattare in modo differente, anche servendoti delle tecniche apprese in questo libro. Potrebbero essere proprio i potenti strumenti della Programmazione Neuro-Linguistica la chiave di volta determinante nell'ottenimento di ottimi risultati e nel miglioramento delle tue prestazioni commerciali.

Disclaimer

Tutti i marchi registrati e loghi citati in questo libro, incluso Amazon, appartengono ai rispettivi proprietari.
L'autore di questo libro non pretende né dichiara alcun diritto su questi marchi, che sono citati solamente a scopi didattici.